上卷

黄花梨家具收藏与鉴赏

Huang Hua Li Jia Ju Shou Cang Yu Jian Shang

关毅·著

中国书店

图书在版编目（CIP）数据

黄花梨家具收藏与鉴赏 / 关毅著. — 北京：中国书店，
2014.9

ISBN 978-7-5149-1129-9

Ⅰ. ①黄… Ⅱ. ①关… Ⅲ. ①降香黄檀 – 木家具 – 收藏 –
中国②降香黄檀 – 木家具 – 鉴赏 – 中国 Ⅳ.①G894②TS666.2

中国版本图书馆CIP数据核字(2014)第139373号

黄花梨家具收藏与鉴赏

作　　者：关　毅
责任编辑：木　洛

出版发行：中国书店
地　　址：北京市西城区琉璃厂东街115号
邮　　编：100050
印　　刷：北京盛兰兄弟印刷装订有限公司
开　　本：889mm×1194mm　1 / 16
版　　次：2014年9月第1版　2014年9月第1次印刷
字　　数：180千字
印　　张：24
书　　号：ISBN 978-7-5149-1129-9
定　　价：498.00元

作者简介

关　毅

字道远，号理成居士，满族镶黄旗人；
文物鉴赏家，收藏家，宫廷家具修复专家；
中国文物学会传统建筑园林委员会副秘书长；
中国紫禁城学会理事；
北京家居协会红木委员会常务副会长；
北京世纪宣和中式古典家具技术研究院院长；
著名红木企业太和木作创办人；
多家拍卖公司艺术品投资顾问；
北京故宫博物院乾隆花园古旧文物家具修复研究项目负责人。

2008年至今

主持故宫博物院乾隆花园古旧文物家具勘察修缮与内檐大修工程；
创立著名红木知名企业——太和木作。

2009年

太和木作成为故宫博物院合作经营单位，在故宫太和门西侧南朝房开办宫廷家具艺术馆，负责设计开发具有故宫文化元素的宫廷家具文化产品。

2010年

在美国马萨诸塞州的皮博迪埃塞克斯博物馆举办"乾隆花园古典家具与内装修设计展"。

2011年

在美国纽约大都会艺术博物馆举办"养性怡情——乾隆珍宝展"。

2012年

庆香港回归十五周年，在香港艺术馆举办"颐养谢尘喧"——乾隆皇帝的秘密花园大型展览；
主持故宫博物院皇极殿香几及甪端几文物复制工程。

2013年

为故宫博物院图书馆馆藏古籍善本，主持金丝楠木书盒设计制造工程。

2014年

历时三年用82575块红木按1∶5比例完美再现紫禁城角楼；
主持参与中南海毛泽东主席故居颐年堂室内雕花落地罩的修缮与保护工程；
主持设计制作颐和园东宫门与听鹂馆陈设紫檀木仿古宫廷家具；
在北京首都博物馆举办"长宜茀禄：乾隆花园的秘密"文物家具大型展览。

前　言　PREFACE

　　黄花梨又名降香黄檀，学名降香黄檀木，也称海南黄檀木、海南黄花梨木。原产地为中国海南岛吊罗山尖峰岭低海拔的平原和丘陵地区，多生长在吊罗山海拔100米左右阳光充足的地方。因其成材缓慢、木质坚实、花纹漂亮，始终位列五大名木之一，现为国家二级保护植物。

　　黄花梨为落叶乔木，树高10～25米，最大胸径超过60厘米，树冠广伞形，分杈较低，枝较多，侧枝粗壮，树皮浅灰黄色。奇数羽状复叶，长15～26厘米，卵形或椭圆形；花淡黄色或乳白色，花期4～6月；荚果舌状，长椭圆形，扁平，种子的成熟期为10月至翌年1月。

　　我国自唐代就已用花梨木制作器物。唐代陈藏器《本草拾遗》就有"榈木出安南及南海，用作床几，似紫檀而色赤，性坚好"的记载。明《格古要论》提到："花梨木出男番、广东，紫红色，与降真香相似，亦有香。其花有鬼面者可爱，花粗而色淡者低。广人多以作茶酒盏。"侯宽昭的《广州植物志》介绍了一种在海南岛被称为花梨木的檀木"海南檀"。海南檀为海南岛特产，森林植物，喜生于山谷阴湿之地。木材颇佳，边材色淡，质略疏松，心材红褐色，坚硬。纹理精致美丽，适于雕刻和做家具之用。

　　花梨木有新、老之分。老花梨又称黄花梨，颜色由浅黄到紫赤，色彩鲜美，纹理清晰而有香味。明代比较考究的家具多为老花梨木制成。新花梨木色赤黄，纹理色彩较老花梨稍差。花梨木的这些特点，在制作器物时多被匠师们加以利用和发挥，一般采用通体光素，不加雕饰，从而突出了木质本身纹理的自然美，给人以文静、柔和的感觉。

　　黄花梨是明清硬木家具的主要用材，以心材呈黄褐色为好。明清时期考究的木器家具都选"黄花梨"制造，其纹理或隐或现，色泽不静不喧，被视作上乘佳品，备受明清匠人宠爱，特别是明清盛世的文人、士大夫之族对家具的审美情趣更使得这一时期的黄花梨家具卓而不群，无论从艺术审美、还是人体工学的角度来看都赞不绝口，可称为世界家具艺术中的珍品。时至今日，在如今的中式家具市场上，黄花梨家具仍是主流品种。

　　黄花梨木生长成材需要成百上千年的时间，海南的黄花梨野生成材树基本灭绝，随着市场上黄花梨的材质越来越少，加上海南政府禁止砍伐黄花梨树木，因此，海南黄花梨的收藏价值和投资价值越来越高。近年来，喜爱黄花梨家具的人越来越多，黄花梨家具收藏爱好者队伍越来越庞大，黄花梨家具的收藏投资进入空前繁荣的阶段，但随之而来的黄花梨家具的造假问题也越来越严重，这给广大黄花梨收藏爱好者带来了极大的损失。

　　为了黄花梨家具收藏爱好者能够更加系统、直观地了解黄花梨家具收藏与鉴赏的相关知识，在今后的黄花梨家具收藏投资活动中能够取得更好的收获，我们经过精心策划，编辑出版了《黄花梨家具收藏与鉴赏》一书。全书详细介绍了什么是黄花梨、黄花梨的分类和特征、黄花梨木材的辨别、黄花梨家具的起源和发展、黄花梨家具鉴赏、黄花梨家具的价值评判、黄花梨家具的投资技巧以及黄花梨家具的保养要点等知识。全书从历代黄花梨家具精品中精心筛选了近千幅精美的、有代表性的彩色图片，用数万优美的、简单实用的文字串联起来，以图文并茂的形式完美展现出来，全书资料翔实，内容丰富，是初学黄花梨家具收藏者的入门必备指南，也是已入门者的良师益友！

　　本书在编辑过程中，参考和借鉴了国内外黄花梨家具收藏与鉴赏方面的许多相关资料和成果，在本书即将付梓之际，特向各位先贤们表示诚挚的谢意！

编　者

2014年6月

目　录 CONTENTS

（上卷）

第一章　认识黄花梨

一、黄花梨的名称溯源／2

二、黄花梨的形态特征／8

三、黄花梨的地理分布特点／20

四、黄花梨的木质特征／21

五、历代黄花梨综述／25

六、海南黄花梨生长的气候条件和分布特点／28

七、海南黄花梨的生长周期特点／35

八、黄花梨的包浆／35

九、黄花梨的密度／38

十、黄花梨的用途／38

1.木材用途／38

2.医疗用途／39

3.黄花梨的神奇养生功效／44

第二章　黄花梨的分类及特征

一、黄花梨分类的特征要素／46

二、海南黄花梨的分类／50

1.按照心材材色、大小分类／50

2.按照海南黄花梨心材部分的颜色分类／50

3.按照黄花梨家具的总体外观分类／52

4.按照在海南省的分布区域分类／52

三、海南黄花梨的特征／60

1.生态特征／60

2.木材特征／60

第三章　黄花梨木材的辨别

一、黄花梨的辨识要素／62

1.纹理与颜色／62

2.密度及手感／62

3.气味／62

4.烟色及灰烬的颜色／62

二、黄花梨木质的辨识难点／62

1.与红木不分／62

2.与草花梨不分／65

3.与新黄花梨木不分／65

三、花梨纹紫檀木与黄花梨的区别/66

四、海南黄花梨与越南黄花梨的辨别/66

    1.香味/66

    2.颜色/73

    3.质地/73

    4.花纹/73

    5.荧光/73

6.木屑泡水/78

五、黄花梨植物的辨别/78

六、越南花梨木和海南花梨木的共性与差异/86

    1.越南花梨木和海南花梨木的共性/86

    2.越南花梨木和海南花梨木的差异/94

    3.越南花梨木和海南花梨木家具的价格

      差异/105

第四章　黄花梨家具的起源和发展

一、黄花梨家具简介/120

二、"花梨"家具的起源及历史实际情况/120

三、黄花梨家具的独特性/129

四、黄花梨家具会贬值吗/129

五、从郑和下西洋谈明代黄花梨家具和

    产地/133

第五章　黄花梨家具鉴赏

一、黄花梨家具鉴赏/142

二、天然去雕饰的自然美/145

三、含蓄内敛的君子风范/155

四、比例合适、严谨简练的造型/160

五、超凡脱俗的木性/160

（下卷）

第六章　家具的辨伪高招

一、掌握家具的制作方法/184

    1.木材干燥工艺/184

    2.家具制造的打样/189

    3.精湛卓越的木工工艺/191

    4.揩漆工艺/197

二、家具的作伪形式/199

    1.以次充好/199

    2.常见品改罕见品/200

3.贴皮子/200

4.拼凑改制/200

5.化整为零/208

6.调包计/208

7.改高为低/210

8.更改装饰/210

9.制造使用痕迹/210

三、家具的辨伪内容/210

1.气韵辨伪/210

2.髹漆辨伪/212

3.款识辨伪/212

4.包浆辨伪/216

5.雕刻辨伪/217

6.打磨辨伪/217

7.新旧辨伪/220

第七章　黄花梨家具的价值评判

一、黄花梨家具的艺术价值/222

二、明式花梨木家具的价值/225

三、工艺性对家具价值的影响/244

四、花梨木与家具造型的价值关系/251

五、家具中混合使用不同的材料对家具价值的
影响/253

六、不同品质的材料对家具价值的影响/254

七、花梨木纹理与家具价值的关系/258

八、文化附加对家具价值的影响/265

九、艺术创作对家具价值的影响/265

十、材料使用量与家具品种的价值关系/265

十一、家具外表木材颜色的协调与花梨木家具
价值的关系/267

十二、家具品相与家具价值的关系/268

十三、打磨效果对家具价值的影响/271

十四、花梨木的质感对家具价值的影响/274

第八章　黄花梨家具的投资技巧

一、海南黄花梨的珍稀性和保值性/276

二、海南黄花梨的市场价值/280

三、海南黄花梨的价格/284

四、海南黄花梨升值的因素/286

五、黄花梨价格的市场走向/286

六、黄花梨投资技巧/288

1.了解黄花梨价值要素/288

2.中国游资赴越南"赌木"/291

3.警惕"越黄"冒充"海黄"/299

七、购买货真价实黄花梨的要点/300

第九章　黄花梨家具的保养要点

一、黄花梨家具的日常管理/302

　　1.鉴定/304

　　2.定名分级/304

　　3.分类/305

　　4.登记/305

　　5.标号/308

　　6.使用/309

　　7.建档/309

　　8.查点/312

二、黄花梨家具保养的注意事项/312

　　1.保持表面清洁/312

　　2.避免创伤/312

　　3.忌拖拉搬动/312

　　4.防干、防湿/312

　　5.防光晒/317

　　6.防火/319

　　7.及时修理/319

　　8.定期上蜡/323

　　9.防蛀防虫/325

三、黄花梨制品保养中的禁忌/328

四、日常保养常识/331

附录　中国家具的起源与发展

一、家具概说/338

二、先秦家具/340

　　1.家具的起源——席/340

　　2.木制家具的肇始——彩绘木家具/341

　　3.商周青铜家具/341

　　4.先秦漆木家具/342

三、汉唐家具的发展/344

　　1.汉代家具的发展/344

　　2.魏晋南北朝家具的发展/346

　　3.隋唐家具/347

　　4.五代家具/350

四、宋元家具的发展/352

　　1.宋代家具/352

　　2.两宋时期的辽、金家具/354

　　3.元代家具/355

五、明代家具的发展/358

六、清代家具的发展/367

第一章

认识黄花梨

一、黄花梨的名称溯源

黄花梨这个名称尽管已经被人们使用很多年，但直到今天，它仍然只是一个不规范的名称。也就是说，它并不是植物学上的定义，只是一个"俗称"，属于约定俗成的一种。

有的学者认为，黄花梨应该叫"黄花黎"，因为我国出产黄花梨木的地方称黎山，当地的居民是黎族人。这些学者从植物学和地理学的角度出发，希望能将黄花梨从平凡的花梨木中分离出去，避免与为数众多的花梨类木材混为一谈。

在历史上，黄花梨有过很多名称，如：降压木、花狸、花榈、降香、花黎、香红、香枝、海南檀等，并在很长一段时期内与"花梨"相混称。

按照现代植物学的分类，花梨属紫檀属，而黄花梨则属黄檀属，二者可谓泾渭分明、互不相干。但由于二者外貌相仿、容易混淆，不得已，老一代人就把普通花梨称为新花梨，把黄花梨称为老花梨，加以区分。

1984年，对黄花梨来说也许是一个分界线。在1984年以前，人们一般把海南黄檀笼统地称为黄花梨。但海南黄檀又分为两种：一种心材较大，几乎占整个树径的五分之四左右，且多呈深褐色，边材多为黄褐色；另一种心材占其树径的比例较小，且多呈红褐至紫褐色，边材多为浅黄色。海南当地人把前者称为"花梨公"，把后者称为"花梨母"。1984年，专家对海南黄檀进行了重新分类，确定"花梨公"仍沿用海南黄檀的称谓，将"花梨母"命名为降香黄檀。

2000年5月，《红木国家标准》颁布实施，正式将降香黄檀定名为香枝木。从那时起，黄花梨便又成了香枝木的别称。

一直以来，对于黄花梨一词源于何时，众说纷纭，莫衷一是。较流行的说法有两种：一种认为是20世纪30年代，由著名学者梁思成等组建的中国营造学社在研究明、清家具时，为了将新、老花梨区别，便

黄花梨官皮箱　明代
长25厘米，宽18厘米，高25厘米

黄花梨"气死猫"圆角柜　明代
长81厘米，宽39厘米，高159厘米

圆角柜为老料新做，手工打磨，平顶，顶沿外抛，柜门及两侧上部是透空十字四瓣花纹，用攒斗的方法造成。门中部绦环板浮雕双龙纹。下半板心整材而成。柜门与柜框不用合页连接，而采用门轴形式，既转动灵活，又便于拆卸。正中有闩杆，底枨下嵌夹镂出云纹牙头的牙条，以双榫纳入底部。

明式黄花梨四出头官帽椅　明代

长65厘米，宽47厘米，高118厘米

　　"四出头"椅因椅子的扶手与搭脑出头，搭脑与古代官员的帽子的展翅相似而得名。此件黄花梨官帽椅搭脑中成枕形，两端出头，素面靠背板，前后椅腿一木相连，三弯弧形的扶手流畅自然，下方支以三弯形圆材连棍，座面以独板黄花梨攒框而做，沿边起阳线，迎面腿足置步步高赶脚枨。此椅制作比例优美挺拔，线条简练流畅，"鬼脸"变化多端，隽永耐看，是一件标准的明式代表家具。

明式黄花梨南官帽椅和几　明代

椅：长70厘米，宽50厘米，高105厘米；几：边长35厘米，高74厘米

　　此椅为黄花梨木制作，通体光素，扶手靠背呈圆弧状，使坐者可舒适地被包围在椅子中。椅靠背板、扶手、鹅脖、联帮棍均成曲形，特别是联帮棍上细下粗，呈夸张的S形，整体增活泼之态，座面下装罗锅枨加矮老，步步高赶脚枨。

将老花梨冠之以"黄花梨"的称谓；另一种认为是由于民国时期大量的低档花梨进入市场，并被普遍使用，人们为了便于区别，才在老花梨之前加了"黄"字。从而使老花梨有了一个固定的名称——黄花梨。

实事求是地说，唐代陈藏器的《本草拾遗》、李珣的《海药本草》，明代王佐的《新增格古要论》，清代谷应泰的《博物要览》等著作里，都不曾有"黄花梨"一词出现。

在这些著作中，花梨与黄花梨是不分的。提到花梨，也只是笼统地说其出自南番、安南及海南。

但有关历史资料显示，"黄花梨"的出现，要比人们想象的早。通查《大清德宗皇帝实录》，关于"黄花梨木"的称谓就不下三处。

据《大清德宗皇帝实录》卷四百六记载，光绪二十三年六月，庆亲王奕劻在为慈禧太后修建陵寝时上的奏折中写道："己卯，庆亲王奕劻等奏，菩陀峪万年吉地，大殿木植，除上下檐斗科，仍照原估，谨用南柏木

黄花梨文具箱　清早期
长34厘米，宽23厘米，高21厘米

黄花梨捧盒　清早期
长14.6厘米，宽12厘米，高7厘米

黄花梨云龙纹大笔筒　明代
直径21厘米，高17厘米

黄花梨玄纹笔筒　明代
直径13.5厘米，高15.5厘米

黄花梨书桌　明代
长95.5厘米，宽43.5厘米，高75.5厘米

黄花梨一腿三牙方桌　明代
边长94.3厘米，高85厘米

黄花梨圈椅　清早期
宽59厘米，深45.5厘米，高95厘米

黄花梨三弯腿长方凳（一对） 清早期
长64厘米，宽53厘米，高51.5厘米

黄花梨书盒 清早期
长32厘米，宽16厘米，高11厘米

黄花梨半盒 清早期
长35厘米，宽21厘米，高14厘米

外，其余拟改用黄花梨木，以归一律。"

又据《大清德宗皇帝实录》卷四百七记载："（光绪二十三年秋七月）癸丑，谕军机大臣等，朕钦奉慈禧端佑康颐昭豫庄诚寿恭钦献崇熙皇太后懿旨，东西配殿，照大殿用黄花梨木色，罩笼罩漆，余依议。"

另据《大清德宗皇帝实录》记载："（光绪二十四年九月）庆亲王奕劻等奏，吉地宝龛木植漆色，请旨，遵行得旨，着改用黄花梨木，本色罩漆。"

庆亲王奕劻上折的时间是光绪二十三年，也就是公元1897年，这是到目前为止所知道的关于"黄花梨木"在历史文献中出现的最早、最明确的记载，据此可知，"黄花梨"词最迟在清末光绪年间就已出现，这显然要比上文所说的20世纪30年代早很多。

二、黄花梨的形态特征

黄花梨为落叶乔木，高10～25米，最大胸径超过60厘米，树冠广伞形，分权较低，枝丫较多，侧枝粗壮，树皮浅灰黄色。奇数羽状复叶，长15～26厘米，椭圆形或卵形；花乳白色或淡黄色，花期4～6月；荚果舌状，长椭圆形，扁平，种子的成熟期为10月至翌年1月。

黄花梨有束腰直腿打洼条桌　清早期
长105厘米，宽46厘米，高89厘米

黄花梨八仙桌　明代
边长102厘米，高84厘米

　　桌面攒框双拼，冰盘沿，夹头榫结构。束腰托腮，直腿，腿间设四枨，置矮老、绳纹卡子花；内翻马蹄足，刻回纹。其造型及做工十分讲究，线条流畅，有明显清式风格。

黄花梨雕螭龙纹插屏式座屏风　清早期
宽132厘米，深78厘米，高215厘米

黄花梨有束腰方凳　清早期
长57.5厘米，宽57.5厘米，高46.5厘米

黄花梨禅凳　清早期
长61厘米，宽61.5厘米，高48厘米

黄花梨三弯腿长方凳（一对）　清早期
长64厘米，宽53厘米，高51.5厘米

黄花梨嵌大理石圈椅（四只）　清早期
长53厘米，宽41厘米，高91厘米

黄花梨灯挂椅（四只）　清早期
长49厘米，宽45厘米，高99厘米

黄花梨高靠背灯挂椅　清早期
长52厘米，宽41.5厘米，高105.5厘米

黄花梨圈椅　清早期
长58.5厘米，宽45.5厘米，高97厘米

黄花梨雕螭纹圈椅　清早期
长78.5厘米，宽53厘米，高97.5厘米

黄花梨玫瑰椅　清早期
长56厘米，宽43厘米，高84厘米

黄花梨螭龙纹玫瑰椅（一对）　清早期
长58厘米，宽43.5厘米，高89.5厘米

黄花梨四出头官帽椅（一对）　清早期
长59厘米，宽46厘米，高118厘米

黄花梨架子床　清早期
长221厘米，宽120厘米，高192厘米

黄花梨直棍玫瑰椅（一对）　清早期

长56厘米，宽43厘米，高90厘米

黄花梨六柱架子床　清早期

长222厘米，宽151厘米，高218厘米

黄花梨六柱攒斗四簇云龙纹围子架子床　清早期

长230厘米，宽144厘米，高221厘米

"董其昌"款紫檀经书盒 清早期
长29.5厘米，宽17厘米，高9.5厘米

黄花梨八仙桌 明末清初
长90厘米，宽90.5厘米，高85.5厘米

　　八仙桌取材黄花梨木，桌面攒框镶板心，束腰，牙板作直
枨加矮老装饰，简练稳重，起到支撑、加固的作用，直腿。此
款八仙桌制作独具匠心、工艺娴熟，木质纹理清晰、型体规
整，古朴大方。

黄花梨圈椅（一对） 明末清初
宽59.5厘米，深46厘米，高108厘米

　　此对圈椅以黄花梨木制作，搭脑浮雕福从天降纹饰，靠背板呈S形曲线，上方浮雕卷云纹。联帮棍呈圆弧形状鼓出，富有弹
性。座面攒框镶独板，素牙板，下置步步高赶脚杖。圈椅型制古拙大方，曲线圆润流畅，造型简练，稳重端庄，美观实用。

黄花梨玫瑰椅（一对）　明末清初

宽57厘米，深43.5厘米，高85.5厘米

　　此玫瑰椅精选上等黄花梨木，选料考究。椅背搭脑及扶手采用烟锅袋式榫卯结构，搭脑及扶手皆以券形壶门牙子为饰，并雕刻回纹点缀。后背及两侧皆有围栏。座面攒框镶独板，面下双矮老、罗锅枨，腿间安步步高枨，迎面及两侧枨下安有素牙条。直腿圆足，侧脚收分。造型小巧美观，古朴雅致，木纹精美，色泽光润，线条柔和，工艺精湛。

花梨木十八抽写字台　明末清初

长158厘米，宽85厘米，高84.5厘米

　　写字台为花梨木制，造型厚重大方，色泽古朴雅致。桌面攒框镶独板，冰盘沿，正面置十抽，左右分别设四抽，共十八具。屉面设铜制把手，置暗锁，下设脚踏，相得益彰。

黄花梨书架（一对）　明末清初

长95.5厘米，宽38厘米，高190厘米

　　书柜选料优质黄花梨，型制古朴简约，挺拔秀丽。主体框架大多作双素混面，其中包括柜顶、腿子及横枨。书柜上部亮格，围栏透雕几何纹装饰，简洁明快；中部置两抽屉，下部柜门对开，光素简洁。书柜底端案壶门牙条。此对黄花梨书柜造型简练、结构严谨、装饰适度、纹理优美。

黄花梨官皮箱　明末清初

长28.5厘米，宽21.5厘米，高29厘米

　　黄花梨材质，平顶，箱体四角有铜活加固，正面圆形面脸装云纹面叶，底稍喷出。官皮箱为官员出行时盛物之用，明清时期使用较多，此箱是比较标准化的一种箱具。

黄花梨双矮老方桌　明末清初

边长89.5厘米，高83.5厘米

　　方桌攒框镶板，沿部中部打洼，周身出榫。牙板及牙条间装双矮老，为保持整体风格，矮老、牙板皆混面，直腿外圆内方，抱肩榫结构，整体简洁稳重。

黄花梨嵌绿端石插屏　明末清初

长68.5厘米，宽31厘米，高74厘米

　　插屏以黄花梨嵌绿端石制成，周正规矩。屏心框架倭角，侧身打洼，嵌一周鱼门洞绦环板，内嵌绿端，石纹变幻莫测。底座以透雕螭龙站牙抵夹，八字披水，浮雕双龙捧寿。其淳厚不失素雅，是明代士大夫阶层的取向。

黄花梨长方箱　明末清初

长68厘米，宽45厘米，高30厘米

　　长方箱尺寸稍大，黄花梨材质。黄花梨从唐始，至明达到顶峰。至今上好材质几乎殆尽，而此箱体侧壁由整木而作，花纹富丽典雅，四角及面以黄铜为饰，更添稳重大方之势。

黄花梨带屉翘头条桌　明末清初

长130厘米，宽33厘米，高91厘米

　　条桌为黄花梨制。棕角榫结构，腿子与牙条相交构成一具架子。两端平装翘头，牙板正中设三具抽屉。腿足下展为形状美好的马蹄足。四根圆材霸王枨出榫纳入四足。案形结体的家具上常有翘头，桌形结体的家具上很少见，而此桌有小翘头，显得格外别致。

明式黄花梨霸王枨画桌　明末清初

长172厘米，宽82厘米，高83厘米

　　长方形大画桌，明式家具中的抱肩榫结构。桌面攒边打槽装板，面沿上舒下敛压边线，高束腰，直牙条起阳线延伸至腿足。四方直腿内侧用霸王枨与桌面相连，内翻马蹄足遒劲有力，整器线条硬朗。

明式黄花梨皇宫椅　明末清初
高99厘米

黄花梨插肩榫方腿平头案　明末清初
长120厘米，宽40厘米，高81厘米

黄花梨插肩榫方腿平头案　明末清初
长130厘米，宽40厘米，高83厘米

黄花梨雕凤鸟花卉纹笔筒　明末清初
高17厘米，直径17厘米

　　此笔筒色泽沉浑红润，镶口有底，以浮雕技法雕刻凤鸟花卉纹样，刻划细致，精美华丽。凤鸟或飞翔，或站立，或回首，千姿百态，立体生动。此笔筒精雕细琢，颇费工时，尤为难得。

花梨木瓜棱腿攒牙板小条桌　明末清初
长102厘米，宽42厘米，高82厘米

　　小条桌以直线条为主，硬朗流畅，极为提神。桌面边缘素混面，四根腿足间均设刀牙板，内透挖鱼门洞作为主体装饰。直足立地，稳健高挑。花梨木的纹理漂亮清晰，色泽均匀，品味无穷。

明式黄花梨亮格书柜（一对）　明末清初

长85厘米，宽32厘米，高190厘米

　　柜体通身为黄花梨木所制，柜上三层亮格，三边透雕菱花围栏，中有两屉，柜格下两腿间有雕花牙条，两柜四门，浮雕梅兰竹菊图案。

三、黄花梨的地理分布特点

　　黄花梨在中国广西、广东沿海，越南部分地区有出产，多分布在中国海南岛吊罗山尖峰岭低海拔的平原和丘陵，多生长在吊罗山海拔100米左右阳光充足的地方。

　　据《中国树木志》记载，野生海南黄花梨产于海南岛上除陵水、万宁、五指山市以外的各市县，其中东方、白沙、乐东、昌江、海口、三亚为主要产区。它们一般生长在海拔350米以下的山坡上。名贵的海南黄花梨则主要生长在黎族地区，其中尤以昌江王下地区的海南黄花梨最为珍贵。

黄花梨万历柜（一对）

长101.5厘米，宽44厘米，高197.5厘米

　　标准明式万历柜样式，通体采用珍贵黄花梨制作，上部亮格有后背板，三面券口及栏杆都透雕寿字及螭纹。每扇柜门中间加抹头一根，上下分成两格，装板为外剔槽落堂踩鼓。上格方形，倭角方框中套圆光，浮雕牡丹双凤，四角用云纹填实。下格略呈长方形，浮雕牡丹双雀。几子牙条上雕卷草纹。黄花梨木质精良，色泽瑰丽，制作精细，雕刻工艺精湛，是一件极具装饰性的经典明式家具。

四、黄花梨的木质特征

　　黄花梨木材的名贵程度高于紫檀木，其价格已高出紫檀木数十倍。黄花梨木的木性极为稳定，不管寒暑都不变形、不弯曲、不开裂，有一定的韧性，适合制作各种异形家具，如三弯腿，其弯曲度非常大，只有黄花梨木才能制作，其他木材较难胜任。

　　黄花梨木色金黄而温润，密度较小，可能比红木（酸枝木）还要小一些，放入水中呈半沉状态，也就是不全沉入水中也不全浮于水面。也有少数特别好的黄花梨木密度较大，能够沉在水底，不过价格也相当贵。

黄花梨圈椅、几（一套三件）　明末清初

椅：长67厘米，宽75厘米，高97厘米；几：长49厘米，宽39厘米，高67.5厘米

　　圈椅为黄花梨木制，此种造型装饰繁复华贵，故又称为官廷椅。椅圈三接，四腿由上至下贯穿椅面与椅圈相交。靠背板整板，上方浮雕螭龙纹。扶手鹅脖之间有小角牙，雕刻制作工艺极为精湛，保存完好。

黄花梨木方角柜　明末清初

长76厘米，宽38厘米，高124厘米

　　四根方材柜腿以棕角榫与柜顶边框接合，柜门纹理粗犷，中央面叶与吊牌皆为黄铜制。方角柜硬挤门，未设柜膛，通体光素，仅在正面腿间牙板上铲地浮雕卷草纹，以作点缀，侧面牙板边缘起阳线。

黄花梨亮格柜　明末清初

长93厘米，宽48.5厘米，高174厘米

　　黄花梨木制，四面平式，亮格后背装板，三面卷口平条，柜门加栓杆，平池对开，圆形铜面叶上装有拉手，底枨装刀子牙板，通体线角浑方，无任何装饰压线，器态古雅清逸，比例绝佳，丝毫未经修正，年代悠久，很是难得。

黄花梨瓜棱腿小平头案　明末清初

长100厘米，宽50厘米，高82厘米

　　黄花梨小平头案，规范造型。抹头及大边侧面中部打洼，攒板心，纹理清晰华丽。面下三穿带暗榫与大边相交。耳形牙头挖出稍稍的垂肚状，瓜棱腿带侧脚收分，装双横枨。

黄花梨苍龙教子官帽椅（一对）　明末清初

长65厘米，宽49厘米，高112厘米

　　黄花梨官帽椅搭脑中间成枕形，两端出头，三弯靠背板宽厚，上部开光如意云纹头，内浮雕苍龙教子图案。后腿上截出榫纳入搭脑，鹅脖与腿足亦是相似做法。扶手呈三弯弧形。椅盘格角攒边置屉，座面下三面安卷草纹券口牙子，周边起阳线，腿足间置步步高赶枨。

黄花梨书架（一对）　明末清初

长89.5厘米，宽37厘米，高117.5厘米

　　书架黄花梨制就，四面开敞，共三层，各层攒框镶屉板。两侧及后部立柱中间攒框镶涤环板，上开鱼门洞。两腿间有壸门券口牙条，起阳线。整体简洁得当，极具明式家具风范，又符合现代审美观。

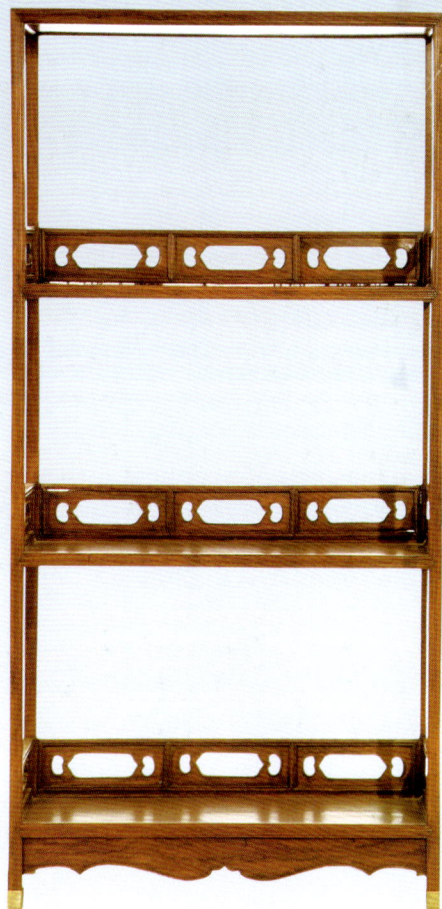

黄花梨圆角柜　明末清初

长84厘米，宽43.5厘米，高165.5厘米

　　此圆角柜采用精美黄花梨木制。全身光素，黄花梨木优美的自然纹理及色泽尽显无余。内无柜膛，四足下舒上敛，向外倾斜，侧脚显著。柜顶喷出，俗称"柜帽"。一般说柜帽喷出的尺寸，就是足下端与足上端相差的尺寸。柜帽之设，首先是为了有地方挖门臼，门扇的上轴得以安装；同时也是为了柜子的造型稳重。不难设想，下大上小的立柜，如无柜帽则缺乏美感。此设计造型稳重，更可让柜门自动闭合，为使用者提供最大方便，是体现明式家具设计超前科学性的代表作。

　　心材颜色较深，呈深褐色或红褐色，有犀角的质感。黄花梨木的纹理非常清晰，如行云流水，异常美丽。最特别的是，木纹中常见很多木疖，这些木疖亦很平整、不开裂，呈现出老人头、老人头毛发、狐狸头等纹理，非常美丽，即人们常说的"鬼脸儿"。

五、历代黄花梨综述

　　据唐代陈藏器《本草拾遗》记载："榈木出安南及南海，用作床几，似紫檀而色赤，性坚好。"明初期王佐增《格古要论》记载："花梨木出南潘广东，紫红色，与降真香相似，亦有香。其花有鬼面者可爱，花簇而

黄花梨镜架　明代
长31.5厘米，宽31.5厘米，高25厘米

黄花梨笔筒　明代
高14.8厘米，直径14厘米

黄花梨花鸟纹笔筒　明代
直径13厘米，高14厘米

黄花梨下起线笔筒　明代
高18.8厘米

25

黄花梨夹头榫独板素牙头酒桌　明代
宽88厘米，深54厘米，高79厘米

黄花梨圆腿顶牙罗锅枨瘿木面酒桌　明代
长104厘米，宽73厘米，高87厘米

黄花梨长条凳　明代
长100厘米，宽33厘米，高44.5厘米

色淡者低。"清人李调元的《南越笔记》卷七也记载了位于今越南的占城向明廷进贡花梨："占城，本古越裳氏界。洪武二年，其主阿答阿首遣其臣虎都蛮来朝贡，其物有乌木、苏木、花梨木等。"《南越笔记》卷十三又记载："花榈色紫红，微香。其文有若鬼面，亦类狸斑，又名花狸。老者文拳曲，嫩者文直。其节花圆晕如钱，大小相错者佳。还有一种与花梨木相似的木种，名'麝香木'。"据《诸番志》载："麝香木出占城、真腊，树老仆淹没于土而腐。以熟脱者为上。其气依稀似麝，故谓之麝香。若伐生木取之，则气劲儿恶，是为下品。泉人多以为器用，如花梨木之类。" 这个描述与黄花梨更为接近。《琼州志》云："花梨木产崖州、昌化、陵水。"从这些记载来看，黄花梨在广东、越南一带都有出产。

　　早在14世纪早期的宋代就已有黄花梨硬木家具的使用记录，但因为元末明初海运才有大型木料的运输能力，所以，明代才是硬木家具广泛使用的年代。尤其是受明代朱由校"宁做木匠不做皇帝"的影响，以及大量

黄花梨有束腰三弯腿罗锅枨方凳 明代
边长52厘米，高54厘米

黄花梨如意云纹圈椅（一对） 明代
宽61.5厘米，深47.7厘米，高103厘米

黄花梨南官帽椅（一对）　明代
宽64厘米，深49厘米，高99厘米

明代高官文人的附雅参与，使黄花梨成为明朝最受追崇的家具木材。当然这与黄花梨细密、易加工、颜色黄中透红、家具整体亮丽也有很大的关系。在这种情况下，黄花梨负载的文化内涵也是最厚重的，它的意义已经和现在的黄花梨一样，不仅仅是家具那么简单了。

明代黄花梨很少见到鬼脸，棕眼纹理比现在的海南黄花梨普遍粗大，纹理流畅且大都通长，水波纹多为暗纹，这种特点一直持续到清中期黄花梨家具上。清中期以后的黄花梨家具受到闭关和官方家具选材的影响，产量趋于减少，黄花梨料通过内陆水系和沿海运输基本满足，这期间黄花梨料多来自广东及海南岛地区，这种情形有历史记录并可以追溯。清中期后的黄花梨多黑筋和深条纹，鬼脸比较多，木质细腻，棕眼稀少，颜色呈咖啡或褐紫色，水波多为荧光纹，这些特点一直持续到今天。

新中国成立后，国家修复故宫，用料大多购于海南。改革开放以后，尤其是20世纪90年代后期，随着黄花梨文化的再度兴起，老挝、越南、缅甸一带的黄花梨也开始被大量使用，使得黄花梨木的数量日益减少。目前，黄花梨价格已经趋于历史高位，盛世收藏的热潮将黄花梨文化进一步升级。

六、海南黄花梨生长的气候条件和分布特点

海南黄花梨对土地的要求不严，在海拔600米以下的山脊、陡坡、干旱瘦瘠、岩石裸露的地区均能生存，所需土壤为赤红壤和褐色砖红壤等类型。但其对于成长环境要求比较高，需要全年温暖的气候和充足的阳光照射。据《中国树木志》记载，野生的海南黄花梨主要分布在海南岛南岛吊罗山海拔100米左右阳

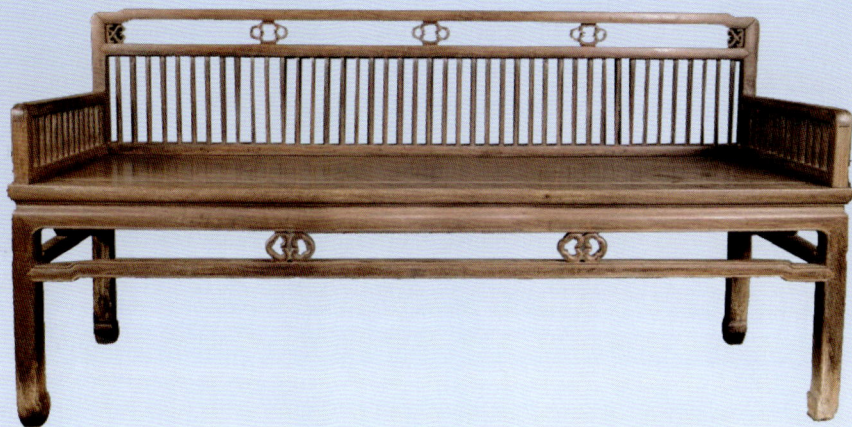

黄花梨三人椅　明代
长189厘米，宽63.5厘米

黄花梨四出头官帽椅（一对）　明代
长62厘米，宽47厘米，高116厘米

黄花梨四出头官帽椅（一对）　明代
长59.5厘米，宽45厘米，高117.5厘米

黄花梨长条凳　明代
长100厘米，宽33厘米，高44.5厘米

黄花梨四出头官帽椅（一对）　明代
长58.5厘米，宽39.5厘米，高94厘米

黄花梨如意云纹圈椅（一对）　明代
长61.5厘米，宽47.7厘米，高103厘米

黄花梨圈椅　明代
长60厘米，宽46厘米，高99厘米

黄花梨春凳 明代
长98.5厘米，宽37.2厘米，高49厘米

黄花梨福寿纹扶手椅（一对） 明代
长75厘米，宽53厘米，高109厘米

黄花梨圈椅　明代
长60厘米，宽45.5厘米，高100厘米

黄花梨圈椅（一对）　明代
长59厘米，宽45厘米，高99厘米

黄花梨南官帽椅（一对）　明代
长64厘米，宽49厘米，高99厘米

黄花梨卷草螭纹藤面圈椅（一对）　明代
长69.5厘米，宽49.5厘米，高105厘米

黄花梨软体大方杌　明代
长85厘米，宽65.3厘米，高51.5厘米

黄花梨螭纹圈椅（一对）　明代
长97厘米，宽60厘米，高47厘米

光充足的平原和丘陵地区，少量分布在海南昌化江以及南渡江一带，为海南独有的珍稀树种。现广西、广东和福建南部（如漳州、仙游）有引种。

其中，由于海南东部地区地势开阔、阳光充足、雨水充沛，使这一地区黄花梨生长得较快，因而材质相对稀疏，毛孔粗，花纹大；而西部山区，地势高，属于山林地域，这里的黄花梨生长较为缓慢，花纹细腻而丰富。

相对而言，海南黄花梨西部的比东部的好。油梨比黄梨密度好、价位高，黄梨比油梨重量轻、颜色浅。好树头、树根比树干花纹要好，但树干的用处多、价位高。总体上，海南省的西部地区昌江市和东方市交界的霸王岭山系产出的黄花梨密度最好；东方市和乐东县交界的尖峰岭山系所产出的花梨木颜色最好；以东方市为中心的三个市县出产的黄花梨最为珍贵。

此外，花梨木也分布在一些东南亚国家、南美洲和非洲等地。海南黄花梨材质油制细密、纹理绚美

黄花梨罗锅枨缘纹石面香案　明代
长84厘米，宽53厘米，高84厘米

黄花梨雕凤纹小平头案　明代
长118厘米，宽49厘米，高80厘米

黄花梨龙头衣架　明代
长83.5厘米，高165厘米

此衣架为黄花梨木制，搭脑两端雕刻龙首，下透雕挂牙，衣架中部置两横枨，攒框透雕螭龙纹条环板。底部间作花枨式，抱鼓墩座。雕饰繁简相宜，刚柔并济，工艺精巧，美观实用。

黄花梨鸡笼柜（一对）　明代

长45.5厘米，宽26厘米，高58.5厘米

　　此鸡笼柜精选上等黄花梨木制，纹理清晰细密。整体空灵有致，简练明快。柜三面用直帐构成透空棂格作装饰，柜门对开，上端置素工牙板，下端安横帐，帐下有壶门牙板，正面镶铜面叶及合叶。风格统一，线条流畅，材美工精，朴实灵巧，饶有古趣。

黄花梨雕牡丹圈椅（一对）　明代

宽59.5厘米，深45.5厘米，高100.5厘米

　　圈椅以优质黄花梨木制成。靠背板呈S形，饰以浮雕牡丹，两侧雕两个小花牙，寓意富贵吉祥，体现了实用性与艺术性的统一。椅面攒框镶板，无束腰，牙板素工，下设壶门券口。椅腿下安步步高升赶脚帐，直圆腿。此对黄花梨圈椅木纹紧密，型制规整，古拙妍秀，简洁舒展，干净利落。

瑰丽，触摸起来温润如玉，而且具有治疗心血管疾病和降血压的药用价值。无论是材质还是纹理都被公认为是最好的，是我国一级保护植物，其价值也远高于其他地区的黄花梨。

材料，则需要至少300～500年才有可能。而根据不同区域，还会有一些偏差，生长在南渡江流域的海南黄花梨17年树龄开始结心材，60年树龄的心材约30厘米；而生长在昌化江流域的海南黄花梨树60年树龄心材仅18厘米左右。

七、海南黄花梨的生长周期特点

海南黄花梨的用途广泛，价值非常高，有"木黄金"之称。然而，黄花梨独特的生长环境以及漫长的生长周期，也导致了市场上黄花梨的日益稀少。黄花梨树形优美，分权较多，枝叶婆娑，伸展面积大，但是其成长相对缓慢，这种成长过程主要指树木心材的生长周期。从幼苗生长开始，约15年后才开始结心材，20年树龄的树径17～20厘米，心材直径只有2～5厘米，野生黄花梨至少要经历100年才能成材。而成为制作家具的

八、黄花梨的包浆

想要深入了解"黄花梨包浆"，就要先理解"包浆"的定义。"包浆"其实就是"光泽"，但不是普通的光泽，是专指古物表面的一种光泽。包浆使用的频率很高，常被内行人挂在嘴边，外行人听起来却是一头雾水。

大凡器物，经过长年久月之后，会在表面形成一层自然光泽，就是所谓的"包浆"。可以说，包浆是在时间的磨石上，被岁月的流逝运动慢慢打磨出来的，那层微弱的光面十分含蓄，如果不仔细观察则难

黄花梨蝶戏兰笔筒　明代
直径10厘米，高11.5厘米

黄花梨笔筒　明代
直径14厘米，高15.5厘米

黄花梨底座　明代
直径15厘米

黄花梨底座　明代
直径14.5厘米

黄花梨两联闷户橱　明代
长135.5厘米，宽45.9厘米，高95.5厘米

以分辨。包浆之光泽，温润含蓄，毫不张扬，给人以淡淡的亲切感，有如古之君子，谦谦和蔼，与其接触，总感觉如沐春风。

　　黄花梨包浆是在黄花梨木表面经过日积月累岁月气息沉积而成的。黄花梨本身有些油性，年深月久，油质外泄，和空气中的尘土、人们触摸的汗渍互相融合，就形成了"包浆"。

黄花梨提篮　明代
长38厘米，宽21.5厘米，高25厘米

黄花梨玉玺盒　明代
长19厘米，宽19厘米，高22厘米

黄花梨算盘　明代
长35.3厘米，宽17.5厘米，高3厘米

黄花梨烛台（3件）　明代
长6.5厘米，宽6厘米，高22.5厘米

黄花梨平头案　明代
长143厘米，宽45厘米，高82.6厘米

黄花梨茶盘　明代
长38.5厘米，宽21.5厘米

九、黄花梨的密度

　　黄花梨的密度如何？是和平常的木头一样能浮在水面上的吗？据实验研究，一般真正的黄花梨木有着像冰水混合物一样的密度，也就是说，我们把黄花梨木放在水中，就会发现黄花梨木会悬浮在水中，既不会下沉也不会像普通的木材那样漂浮在水的表面。不过也不乏少数特别好的黄花梨木密度较大，能够沉在水底，这种木材价格也是相当贵的。

十、黄花梨的用途

1.木材用途

　　黄花梨质地细腻，呈黄褐色的色调，纹理或隐或现，有结疤的地方呈现出铜钱大小的圆晕形花纹，自然美观，香气持久。黄花梨木的工艺性能非常优越，缩胀率小，不容易变形，手感温润，坚同耐腐，是专做雕刻工艺品和贵重家具的上等材料。明、清两代的文人、士大夫之族对家具的审美情趣更使得这一时期的黄花梨家具卓尔不凡，无论从艺术审美，还是从人体工学的角度来看都赞不绝口，可以称得上是世界家具艺术中的珍品。明代考究的家具都首选黄花梨。清乾隆年间，黄花梨木源枯竭，民间多制作小件黄花梨器物，以黄花梨笔筒最负盛名。

2.医疗用途

古籍中关于黄花梨医疗作用的记载为：可提炼供药用的降香，具有止血止痛、行气活血等功效，可治疗心胃气病、呕吐、冠心病，特别是对皮肤过敏者、高血压患者更是具有独特疗效。

古籍记载如下：

《海药本草》："诸天行时气宅舍怪异，并烧之有验。"

《本草纲目》："疗折伤、金疮，止血定痛，消肿生肌。"

《本草经疏》："上部伤，瘀血停积胸膈骨，按之痛或并胁肋痛……治内伤或怒气伤肝吐血。"

《本草汇言》："治天行疫疠，瘟瘴灾疾。"

《玉楸药解》："疗梃刃损伤，治痈疽肿痛。"

《得配本草》："入血分而降气，治怒气而止血。"

《本草再新》："治一切表邪，宣五脏郁气，利三焦血热，止吐，和脾胃。"

如今，黄花梨被发现具有如下作用：显著改善微循环，促进微动脉收缩后的恢复及局部微循环的恢复；

黄花梨雕花半圆桌（一套） 明代
尺寸不一

黄花梨条案　明代
长171厘米，宽43.5厘米，高87厘米

黄花梨镶仕女粉彩插屏　明代
长28.5厘米，宽18.5厘米，高40.8厘米

黄花梨雕花小衣架　明代
长66厘米，宽36厘米，高161厘米

黄花梨嵌百宝石榴纹笔筒 明代

高16.5厘米，直径17厘米

　　笔筒精选上等黄花梨而制，包浆厚润，做工精细。面嵌百宝雕绘石榴树、蝴蝶、灵芝、山石等精美纹饰，石榴象征"多子"，灵芝代表长寿，吉祥如意。并浅刻"御赐书状元珍用""吴""父玩"款。造型精致优雅，工艺精美。

黄花梨官帽椅 明代

长57厘米，宽45厘米，高95厘米

花梨描金雕龙博古柜（一对） 明代

长94.5厘米，宽37.5厘米，高191厘米

　　此柜以花梨木精作，背板、隔板均描金彩绘博古纹，四面开光，内绘花卉、八宝、福寿纹，博古格错落有致，牙板皆透雕卷草纹。下部双门对开，中设两屉，满工浅浮雕灵龙纹，雕工精湛，线条流畅，棱角分明，大气精致。

黄花梨五抹门圆角柜（一对）　明代

长87厘米，宽43厘米，高181厘米

黄花梨 "丁聪" 款双骏图笔筒　明代
高16厘米，口径15.5厘米

花梨笔筒　明代
直径15厘米，高16.5厘米

黄花梨雕花大衣架　明代
长190厘米，宽55厘米，高177厘米

降低血脂、降低血浆黏度；抑制血栓形成、降低血压、防心脑血管疾病的；镇痛、镇静的作用。

3.黄花梨的神奇养生功效

海南黄花梨不仅木质优良，还具有很好的养生保健功效，《本草纲目》中对海南黄花梨有如下记载："海南黄花梨有舒筋活血、降血压、降血脂的作用。"用海南黄花梨木屑填充做成枕头有舒筋活血之功效。海南黄花梨木屑木粉，有一种神秘的降香味，可有效改善睡眠。

第二章

黄花梨的分类及特征

一、黄花梨分类的特征要素

黄花梨（即降香黄檀）在木材学家及植物学家的著作里只有一种，本不存在所谓分类问题，而在明清家具研究者及收藏家、木材商人的眼里，黄花梨却有很多种，从而也就有了黄花梨的分类课题。

著名收藏家张德祥先生认为黄花梨有黄檀型黄花梨、油香型黄花梨和降香型黄花梨三种。黄檀型黄花梨质细，色彩淡黄，色线纹理不明显，多见于较早期的明式家具；油香型黄花梨含油质较多，色暗、橙色中带黑红，色斑纹理多呈条状，光下有动感，呈"木变石"及"琥珀"般的透明感，这种木料极易同红木混淆，造型多偏晚，木质较轻；降香型黄花梨色土黄，有的呈条状木纹，细观其棕眼多呈八字形排列，似鱼肉纹，质量较重，常出现黑色髓线组成的斑纹，聚集处多呈鬼脸状，是黄花梨中最典型、最美观的一种，其用量也最大。

我国海南岛的黎族人，则将木材分为有心的与无心的两类，有心的称为"格木"，无心的称为"杂木"。黄花梨木的心材部分称为"格"，边材部分则称为"漫"。由此，黎族人也将黄花梨分为油格黄花梨和糠格黄花梨两种：油格黄花梨主要是指产自西部地区，心材颜色较深，密度大而油性强的黄花梨；糠格黄花梨主要是指产自东部或东北部地区，心材颜色较浅且油性稍差的黄花梨。也有人按黄花梨心材部分的颜色：黄（浅黄）；金黄（蜜黄、橘色）；浅褐色；红褐色；深褐色（近似于咖啡色）划分黄花梨的种类。更有人直接按海南岛的行政区划，将黄花梨划分为西部黄花梨和东部黄花梨。需要特别指出的是，目前，西部油性较强黄花梨价格已远远高于东部油性稍差的黄花梨；而由于明清时期的过度采伐，东部地区的黄花梨现已几近绝迹。

《GB/T18107-2000红木国家标准》除了对降香黄檀（即黄花梨）的产地、科属及中文、拉丁文学

黄花梨方禅凳　明代

长60厘米，宽60厘米，高49.3厘米

此禅凳为标准明式家具机凳类形制，攒框镶软屉，乘坐舒适。冰盘沿，无束腰，罗锅枨，下承直腿，线条明练。

黄花梨高罗锅枨半桌　明代

长96.5厘米，宽50厘米，高80厘米

此半桌为黄花梨制，桌面攒框镶板，冰盘沿，刀子牙板，高罗锅枨打洼，大边及抹头明榫构造，直腿稍外撇。整体简洁利落，淳朴劲挺。

黄花梨三层架格　明代
长84.5厘米，宽41厘米，高171厘米

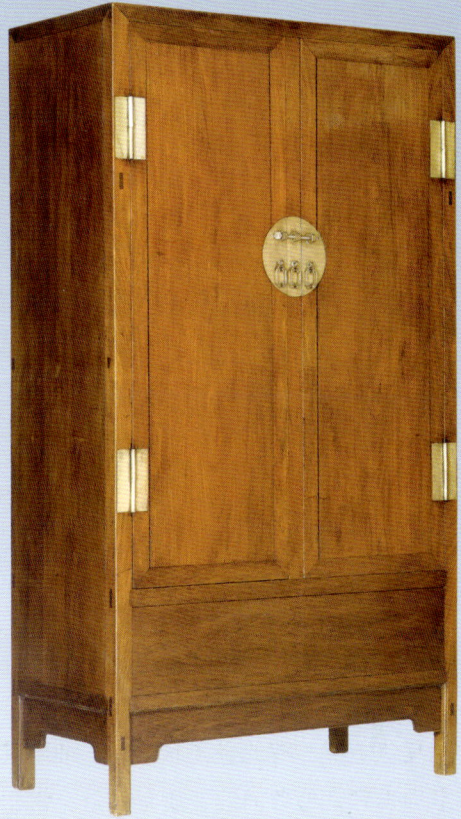

黄花梨有柜膛方角柜　明代
长111厘米，宽55厘米，高199厘米

黄花梨圈椅（一对）　明代
长59.5厘米，宽47.5厘米，高98厘米

黄花梨"卍"字纹书橱（一对） 明代

长94厘米，宽50.5厘米，高169厘米

黄花梨小轿箱 明代

长36.5厘米，宽15厘米，高13厘米

　　轿箱选用黄花梨木制成，格肩交合构造。盖缘起线，箱正面中央镶铜制圆形面叶、如意云头形拍子。箱底缩进，呈反向凸形，两端留有侧室，以平活盖相掩。此物规格小巧，做工精细，甚为少见，弥足珍贵。

黄花梨无柜膛面条柜　明代
长71厘米，宽39厘米，高109厘米

黄花梨三足笔筒　明代
高17厘米，直径14厘米

黄花梨长画案　明代
长135厘米，宽58.5厘米，高81.5厘米
　　此条画案通体选用珍贵黄花梨为材制作，全身光素，造型简洁，线条优美、不假雕饰，若出水芙蓉，充分展示了黄花梨材质纹理的贵重华丽之美。画案高束腰、无枨、内翻马蹄足，为典型的明式苏作风格。

名作了规定外，也对其木材构造特征作了具体的描述与界定："降香黄檀 Dalbergia odorifera T. Chen散孔材至半环孔材。生长轮颇明显。心材新切面紫红色或深红褐色，常带黑色条纹。管孔在肉眼下可见至明显，弦向直径最大208μm，平均114μm；数甚少至略少，2~12个每平方毫米，轴向薄壁组织肉眼下可见。至为傍管带状（多数宽1-数细胞）及聚翼状。木纤维壁厚。木射线在放大镜下明显，波痕可见。射线组织同形单列（甚少）及多列（2~3列，4列偶见）。新切面辛辣气浓郁，久则微香；结构细；纹理斜或交错；气干密度0.82~0.94g/m³。"遗憾的是，这一切都是从木材学家的专业角度进行描述的，一般人很难理解。

二、海南黄花梨的分类

1.按照心材材色、大小分类
海南岛的黎族人称黄花梨的心材为"格"，根据成熟的黄花梨心材大小和材色，有油格、糠格之分。其中，油格心材部分大，呈深褐色；而糠格心材部分小，呈紫褐色或红褐色。

2.按照海南黄花梨心材部分的颜色分类
海南黄花梨的心材是不断由边材转化而成的，按颜色深浅可以分为金黄、浅黄、橘黄、赤紫、红褐、深褐等若干种，通过颜色的不同也反映出木材的油性、气味、相对密度的不同。颜色深则油性大、降香气味浓、相对密度大，反之，颜色浅则油性小、降香气味稍淡、相对密度小。

黄花梨券口靠背玫瑰椅（一对）　明代
长57厘米，宽43厘米，高84厘米

此对玫瑰椅的设计外方内圆，工艺稳重但又不失秀巧。搭脑两端与扶手前端以烟袋锅的手法连接，靠背与扶手的围合空间内装配夔龙纹券口牙子，牙子中间减地阳雕，饰八卦纹。前立柱与足采用一木连做，在靠背与扶手内，距离椅盘约6厘米施横枨，枨下加矮老。

黄花梨直枨酒桌　明代

长100厘米，宽68厘米，高85厘米

　　酒桌以海南黄花梨制作，迎面直枨，有栏水线。桌面探出部分不长，虽是吊头，看起来却似喷面，使得喷出有轻盈之妙。横枨两根，刀牙简练。牙条下安直枨。腿子打洼加倭角线，高挑直落，加装双侧枨。

黄花梨方凳　明代

长50.5厘米，宽45.5厘米，高52厘米

　　以黄花梨木制成，凳面用标准格角准攒边框，装软屉，束腰与牙条一木连做，牙条下置素面罗锅枨，以齐头碰准纳入回足，稍稍退后安装，以便不打断腿足边缘的灯草线脚，直方腿，内翻马蹄足。

黄花梨圆包圆条桌　明代

长146厘米，宽50.5厘米，高83厘米

　　黄花梨木制，桌面沿为混面，枨为裹腿双劈料，长枨与桌面等长，短枨与桌面等宽，长短枨裹腿相交，俗称"裹腿做"，牙条与枨之间装螭龙纹卡子花，圆柱形腿。此桌无过分雕琢，却处处经意，完全以线脚装饰，充分体现了明式家具明快、俊美的风格。

3.按照黄花梨家具的总体外观分类

大体上可分为浅色黄花梨和深色黄花梨两类：其中浅色黄花梨分量略轻，光泽较强，纹理清晰流畅，多见于北方；深色黄花梨光泽不如浅色黄花梨，重量较浅色黄花梨略轻，油性较大，纹理没有浅色黄花梨清晰，多见于南方。

4.按照在海南省的分布区域分类

可分为东部黄花梨和西部黄花梨两类。

东部黄花梨：油性较差，颜色较浅，分量稍轻，由于明清时期的过度采伐几近绝迹。

西部黄花梨：油性较强，油质感不会轻易减弱，价格远远高于东部的黄花梨。

黄花梨台座式座几　明代

长33.5厘米，宽27厘米，高9.5厘米

此几为四面平结构，六足有内托泥，券口牙子，牙子与腿足相交处挖牙嘴圆润过度，座几面为格角榫攒打槽装木纹华美的独析面心。此座几造型古朴雅致，做工精美，朴实无华，包浆圆厚，打磨精细。

黄花梨独门官皮箱　明代

长36厘米，宽25厘米，高32厘米

此箱盖掀开是一个平屉，箱木为格角榫攒边打槽装独板门心，箱上镶有长方形面页，黄铜云头拍子。平卧式安装，箱两侧安有提环，箱内七小屉，皆安有拉手。材质珍贵，制作精巧，功能多样，较少见。

黄花梨大药箱　明代

长37厘米，宽40厘米，高31厘米

此箱由黄花梨木制成，箱四角镶铜以稳固箱体，呈长方形坐于泥托，双门对开，镶有长铜质活动栓杆，下安水滴式铜拉手。箱内七小屉，皆安有拉手。整箱花梨纹路清晰、艳丽，打磨精细，做工考究。

黄花梨圈椅（一对）　明代
长60厘米，宽45厘米，高97厘米

黄花梨四出头玫瑰椅（一对）　明代
长54厘米，宽42厘米，高84厘米

黄花梨如意云纹架子床　明代
长222厘米，宽313厘米，高116厘米

黄花梨簇云纹三弯腿六柱式架子床　明代
长222厘米，宽155厘米，高230厘米

黄花梨高束腰雕花炕桌　明代
长105厘米，宽72.5厘米，高27.5厘米

黄花梨六柱架子床　明代
长217厘米，宽147厘米，高229厘米

黄花梨翘头案　明代
长126厘米，宽33.2厘米，高38.5厘米

黄花梨木外翻球炕桌 明代
长99厘米，高29厘米

黄花梨木圆腿炕桌 明代
长92厘米，高34厘米

黄花梨木三弯腿炕桌 明代
长92厘米，高31厘米

黄花梨木三弯腿大方香几 明代
高88厘米

黄花梨石心画桌 明代
长107厘米，宽70厘米，高82厘米

黄花梨罗锅枨画桌　明代
长167厘米，宽72.5厘米，高84厘米

黄花梨三屉闷户橱　明代
长190.6厘米，宽51厘米，高85.5厘米

黄花梨独板架几案　明代
长277厘米，宽54.5厘米，高77.3厘米

黄花梨两门橱　明代
长95厘米，宽46.5厘米，高140厘米

黄花梨翘头案　明代

长181厘米，宽40厘米，高90厘米

　　黄花梨制作，案面两端翘头，牙条与牙头一木连做，牙头雕博古螭龙纹饰，四方腿素泥面，两腿间有一横木，黄花梨纹理清晰，整器做工精良，简练合宜。

黄花梨大禅凳　明代

长61.5厘米，宽63.5厘米，高47.5厘米

　　黄花梨制，凳面用标准格角准攒边框，装软屉，束腰与牙条一木连做，牙条下置素面罗锅枨，从齐头碰准纳入四足，稍稍退后安装，以便不影响腿足边缘的灯草线脚、方腿、内翻马蹄足。

黄花梨展腿八仙桌　明代

长98厘米，宽98厘米，高86厘米

　　黄花梨木制，面下低束腰，直牙条浮雕螭龙纹饰，四腿展腿明式，上部拱肩三弯腿外翻马蹄，下部圆柱腿，使用十字枨。

黄花梨展腿八仙桌　明代

长98厘米，宽98厘米，高83.5厘米

　　黄花梨制，面下低束腰，直牙条浮雕卷草纹饰，四腿展腿式，上部拱肩三弯腿外翻马蹄，下部圆柱腿，罗锅枨两端与马蹄齐平。方桌包浆皮壳因岁月悠久，显得格外沉朴。

黄花梨宝顶官皮箱　明代

长31厘米，宽23厘米，高32厘米

　　此箱造型儒雅，四角用铜件包镶，构思巧妙，箱内设四屉，箱盖留有浅屉，双开门上缘留子口，顶盖关好后，扣住子口，两门就不能打开，其属性可视为小型皮具。

黄花梨药箱　明代

长33厘米，宽18.5厘米，高31厘米

　　黄花梨材质制作，箱呈长方形，箱顶用燕尾榫平板结合作提案，以铜片加固，箱门为格角榫攒边打槽装独木板门心，门心上方装方形铜额，面页长方形，箱内七小屉皆安有页面及铜拉手，因年代悠久，箱体有少许开裂，主人用铜雕三只蝴蝶嵌之用以加固，构思独特，别具一格。

三、海南黄花梨的特征

1.生态特征

海南黄花梨为亚热带半常绿乔木，高10~20米，最高可达25米，胸径可达80厘米，树冠伞形，分枝较低。奇数羽状复叶，总长15~26厘米，有小叶9~11片，多可达13片，椭圆形或卵形。圆锥花序腋生，长4~10厘米。每年换叶一次，12月开始落叶，翌年2~3月为无叶期，3月下旬至4月雨季到来时，叶、花同时抽出。花期4~6月，花乳白色或淡黄色或。10~12月果实陆续成熟，荚果为扁平椭圆形，内含肾形种子。

2.木材特征

海南黄花梨心材新切面为深褐色或紫红色，有犀角的质感。生长年轮明显，纹理清晰可辨，如行云流水，异常美丽。其特别之处在于，黄花梨木纹中常见的有很多木疖，这些木疖亦很平整不开裂，呈现出老人头、老人头毛发、狐狸头等纹理，美丽可人，即为人们常说的"鬼脸儿"。新切面气味辛辣气浓郁，久则微香。

黄花梨雕双螭龙方台　明代
长48.5厘米，宽48.5厘米，高140厘米

黄花梨大书箱　明代
长56厘米，宽38厘米，高23.5厘米

　　这只黄花梨大宝箱造型典雅，包浆莹润，纹理美观，尤其值得称道的是它考究的制作工艺，所有对称的看面均是一木打开，盖沿箱口起凸线，盖顶微拱，立墙内外圆角相接，箱四角均镶铜稳固，箱面白铜面页，如意云头纹相扣，采用平卧或安装，箱两侧镶铜拉手，品相完好。

第三章

黄花梨木材的辨别

一、黄花梨的辨识要素

1.纹理与颜色

行话一般讲黄花梨是"红木（即酸枝木）的纹理，花梨的底色"。酸枝木（主要指黑红酸枝）的条纹较深且宽窄不一，花梨的底色为黄、红褐色，但没有特别明显的条纹。若看不清楚，则可找一些清水泼在材料或家具上，若是黄花梨木，其颜色、纹理则会清晰地呈现在眼前。

2.密度及手感

真正的黄花梨用手掂量会比较有分量感，手感温润如玉。真正的黄花梨成品不会有戗茬或阻手的感觉。海南岛东部的黄花梨除了颜色浅之外，油性稍差，分量也稍轻一点；而西部的黄花梨则油性很重，其油质感即使过了几百年也不会减弱。

3.气味

黄花梨木材新锯开时有一股浓烈的辛香味，时间久了，特别是成了老家具，气味会转成微香，一般可闻出。若条件允许，可在不起眼的地方刮下一小片，如果能闻出香味，一般都是黄花梨（当然还有其他条件）。

4.烟色及灰烬的颜色

用火烧黄花梨的木屑，其烟发黑且会直行上天，而灰烬则多为白色，燃烧时香味较浓。

二、黄花梨木质的辨识难点

1.与红木不分

深色的黄花梨，若使用年头久远，且保存状态又不好，乍一看与红木很像。在这种情况下，因黄花梨木性较小，所以其具有变形率较小且体轻温和的特点。另外，由于黄花梨木不像红木那样脆，有很强的韧性，因此，木匠在施工中辨识黄花梨木和红木是很

黄花梨架几　明代
长45厘米，宽45厘米，高87厘米

黄花梨四出头官帽椅（两件）　明代
宽59.5厘米，深45厘米，高117.5厘米

黄花梨镜匣 明代
长33厘米，宽33厘米，高59厘米

黄花梨平头木案 明代
长33.3厘米，宽16厘米，高11.8厘米

此平头案由黄花梨制成，案面攒框装板心，无束腰，直腿方足，腿间安横枨，牙条及腿外缘起阳线，通体光素，颇具明式家具简洁明快的特点。

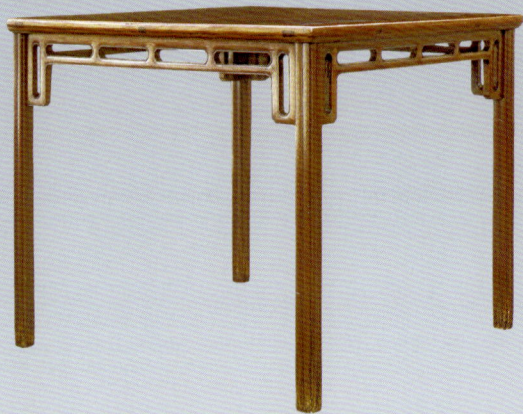

黄花梨无束腰瓜棱腿方桌　明代
边长99厘米，高84厘米

黄花梨轿箱　明代
长75厘米，宽19厘米，高14厘米

黄花梨圆角柜　明代
长97厘米，宽49厘米，高150厘米

黄花梨镜架　明代
宽43厘米，深39厘米，高35厘米

黄花梨带抽屉橱柜　明代
长85厘米，宽56厘米，高87厘米

容易的。比如在刨刀口很薄的情况下，只有黄花梨木能出现类似弹簧外形一样长长的刨花，而红木只会出现碎如片状的刨屑。

清至民国时期出现于市场之上。草花梨在硬木中最为低档，其色呈土黄而无光泽，木质粗疏，棕眼过大，很容易与黄花梨区分。

2.与草花梨不分

由于黄花梨木材断绝，草花梨作为补充而在晚

3.与新黄花梨木不分

新黄花梨的分量比老黄花梨木重，木纹含黑线

黄花梨圆裹腿罗锅枨条桌　明代
长97厘米，宽42厘米，高83厘米

黄花梨高束腰马蹄足条桌　明代
长98厘米，宽48厘米，高88厘米

黄花梨圈椅（一对）　明代
宽59厘米，深45厘米，高99厘米

过多且生硬，因此，很多木纹过于漂亮抢眼的反倒是新黄花梨木。

三、花梨纹紫檀木与黄花梨的区别

由于黄花梨木与其他木材的特点比较相近，因此容易混淆，最容易与花梨纹紫檀混淆。花梨纹紫檀木主产于海南岛和两广，有的书中称之为海南紫檀，又因越南及周边国家也生长有这种树，也有人称之为越南檀。

花梨纹紫檀木质坚重，放入水中即沉水底，棕眼较小，呈牛毛纹状和蟹爪状，打磨后木的表面如婴儿肌肤般细嫩。材质比黄花梨优，木的色泽比黄花梨木更深，呈橙红至深琥珀色，也有的因年代久远而失蜡呈灰褐色。木纹中也有鬼脸纹，但与黄花梨木纹中的鬼脸纹微有差别，花梨纹紫檀木的鬼脸纹绝大多数呈圆形，有的有嘴有眼，但少见有老人头、老人头毛发的纹理。另外，花梨纹紫檀木锯断面有浓浓的蔷薇花梨味，也是很独特的。

再者，因花梨纹紫檀木生长在大陆，雨水不够充足，木心空洞比较多，正所谓"十檀九空（心）"，也是因为木心空洞的原因，所以，花梨纹紫檀木很少有大材。

另外，花梨纹紫檀木有一个很容易识别的特点，就是油质较重，用手指轻轻一刮即起油痕。黄花梨木的木质虽然温润光亮，但没有这么重的油质感。以上几点是花梨纹紫檀木与黄花梨的区别。

四、海南黄花梨与越南黄花梨的辨别

对于如何分辨海南黄花梨与越南黄花梨的方法众说不一，基本上流行的方法就是从香味、颜色、质地、花纹还有木屑泡水颜色等等来分辨，下面详细介绍一下这些方法。

1.香味

海南黄花梨和越南黄花梨的香味可以用"雅"

黄花梨树瘤笔筒　明代
高19厘米，直径21厘米

黄花梨小圆腿平头案　明代
长133厘米，宽45厘米，高79厘米

黄花梨四面平带翘头条桌　明代
长112厘米，宽48厘米，高86厘米

黄花梨提盒　清早期
长35厘米，宽19厘米，高23厘米

黄花梨砚台盒　清早期
长20厘米，宽15厘米，高9厘米

黄花梨半盒　清早期
长28厘米，宽20厘米，高19厘米

黄花梨半盒　清早期
长22厘米，宽13厘米，高8厘米

黄花梨官皮箱　清早期
长34厘米，宽25厘米，高36厘米

黄花梨云龙纹四出头官帽椅　清早期
宽61厘米，深52厘米，高118厘米

黄花梨有束腰三弯腿炕桌　清早期
长94厘米，宽63厘米，高30厘米

黄花梨无柜膛圆角柜　清早期
长84厘米，宽47厘米，高148厘米

黄花梨高靠背灯挂椅　清早期
长52厘米，宽41.5厘米，高105.5厘米

黄花梨螭龙纹十二扇围屏　清早期

宽710厘米，高305厘米

黄花梨联三橱柜　清早期
长131.5厘米，宽45.5厘米，高80.5厘米

黄花梨高束腰马蹄腿二屉桌　清早期
长73厘米，宽49厘米，高86厘米

黄花梨圈椅　清早期
宽58.5厘米，深45.5厘米，高97厘米

黄花梨有束腰带双屉小炕桌 清早期
长91厘米，宽54厘米，高29厘米

来衡量。海南黄花梨的味道大多是清雅温柔，特别浓的不是特别多；而越南黄花梨的香味却比较激烈。另外，海南黄花梨的香味虽淡雅，但散发香味的时间较长，放在干净的手中把玩的手链，七天后还能闻到隐约的降香味，而越南黄花梨就闻不到什么香味了。

2.颜色

海南黄花梨整体颜色偏于暗红色，而越南黄花梨的颜色整体颜色偏于亮橙色，海南黄花梨的颜色比越南黄花梨的颜色显得沉稳。海南黄花梨之所以在明代受到文人雅士的喜爱，就是因为海南黄花梨的颜色以及花纹既不喧闹也不会过分沉寂，灵动中透着稳重，高雅中透着轻盈，符合文人雅士的审美观。因此，只要多看看海南黄花梨的各种颜色，再多看看越南黄花梨的各种颜色，基本上就能区分个七八成了。

3.质地

越南黄花梨中也有质地优良的，坚重沉水，棕眼十分细密，甚至超过很多海南黄花梨，但质地有如此之好的只占小部分，而海南黄花梨质地好的占大多数。因此，单纯分辨其木质，并不能很好地区分它们。

4.花纹

海南黄花梨的花纹是组成其"雅"的一部分，纹理毫无规律可言，但却不凌乱，墨线色黑纯且清晰，反差较小，花纹行云流水的感觉给人一种流动的美感。越南黄花梨花纹相对多了些粗犷，墨线黑晕稍多，山水纹比较常见，反差相对较大，给人一种鲜艳亮丽的感觉。

5.荧光

从整体上来说，海南黄花梨的荧光感比越南黄花梨的强一些。若要从个体上来说，比较一块海南黄花梨的木头和一块越南黄花梨的木头哪一个荧光感强，显然是没有意义的。好的越南料仍旧可以在这一点上，把一部分海南料比下去。显然，这对我们的买家来说无异于误导了。

黄花梨花卉螭龙纹绿石面插屏　清早期
长55厘米，宽38厘米，高73厘米

黄花梨螭龙纹玫瑰椅（一对）　清早期
宽58厘米，深43.5厘米，高89.5厘米

黄花梨独板半桌　清早期
长101.5厘米，宽55厘米，高85厘米

　　半桌选用优质的黄花梨木制成，木纹细密清晰，包浆细润。面为独板，冰盘沿，托腮，下置横枨与短柱连接。高束腰，打洼，腰内置条环板，直腿起阳线，正面腿部灯草线纹饰。

黄花梨独板联二橱　清早期
长82厘米，宽40.5厘米，高81厘米

　　黄花梨联二橱为案形结构，橱面攒框镶板，翘头向外翻卷。冰盘沿，无束腰。设上下抽屉两具，壶门光素，贴雕花券口，装铜制素面拍子、插销、拉环。饰光素牙子。腿间置两条横板，坚固实用。该联二橱，型体别致，端正朴实，浑润柔和，为典型明式风格。

黄花梨活动躺椅　清早期
宽60.5厘米，深98厘米，高107厘米

　　躺椅选用黄花梨木制成。靠背及座面均采用劈料形式，以防打滑。两侧扶手作曲线形，椅面攒框镶板心，面下罗锅枨上置矮老支撑椅面。椅为活动式，躺入时即可展开，不用时有销可锁定，小憩或读书看报皆很实用，优雅舒适。结构精巧，做工周正，包浆圆润。

黄花梨方角柜　清早期
长108厘米，宽56厘米，高140厘米

黄花梨两出头官帽椅 清早期
宽58厘米，深44.5厘米，高99厘米

6.木屑泡水

海南黄花梨和越南黄花梨木屑泡水的颜色基本上都较淡，类似刚泡的花茶颜色。泡水的颜色有深有浅，所以只根据颜色深浅，是不易准确分辨它们的。

所以说，比较海南黄花梨和越南黄花梨，最好的办法就是多闻、多看、多上手，没有一定的经验积累，想要准确区分它们是非常困难的。

五、黄花梨植物的辨别

花梨木和黄花梨的区别如下：

其一，从本质上讲，花梨木和黄花梨是同种不同属的木材。据《国家红木标准》介绍，黄花梨，别名花梨母、香红木、降香木等，豆科植物蝶形花亚科黄檀属，为散孔材至半环孔材；生长轮明显，心材新切面呈深红褐色或紫红色，常带黑色条纹；木纤维壁厚，木射线在放大镜下明显，波痕可见；新切面辛辣气味浓郁，久则微香；结构细，纹理斜或交错；气干密度为0.82～0.94克每立方厘米。而《国家红木标准》则将花梨木定为豆科蝶形花亚科紫檀属，其木材结构至细，其心材材色红褐至紫红，常带深色条纹；含水率12%时，气干密度大于0.76克每立方厘米。

花梨木类树种丰富，如细分又可分为七种：安达曼紫檀、越柬紫檀、印度紫檀、刺猬紫檀、囊状紫檀、大果紫檀、鸟足紫檀。而气干密度未达到0.76克每立方厘米的花梨则被称为亚花梨，有菲律宾紫檀、安哥拉紫檀、非洲紫檀、安氏紫檀、变色紫檀等。

由此可见，花梨木与黄花梨木虽然同属豆科，但其属类有差异。花梨木属于紫檀属，黄花梨木属于黄檀属。况且，其木材的气干密度也有很大差异。

其二，花梨类木材有辛辣的芬香气味，黄花梨木则不仅气味柔和，且有药用价值。

现代科学研究表明，以黄花梨木中提炼出的精油，能刺激细胞再生与代谢，有利于对干燥肌肤的滋养，对皮肤具有优异的抗皱功能，能增强皮肤弹性和促进皮肤组织再生。该精油还具有杀虫、抗菌、缓解紧张情绪的功能。焚烧黄花梨木，能起到薰香的作用。比如，需要长期调养的老弱妇孺的卧房，身体虚

黄花梨盖盒　清代
长27.7厘米，宽14厘米，高9.2厘米

此件书盒为黄花梨制，呈长方形，口沿处起线，此举是为保护口沿薄弱处使其在使用中不易损坏。其正中嵌以方形页片，装云头拍子，四边折角处亦包铜护页，以防磨损。

黄花梨提盒　清代
长17厘米，宽11厘米，高13.5厘米

盒体连盖分三层叠落，最底下一层嵌落在底座的槽口中。提手的结合处为榫卯结构，两侧用"站牙"固定。提盒的四角为圆角包铜，做工精细，图案亮丽。保存至今，品相完好，实属不易，极具收藏价值。

黄花梨文具箱　清代
长31.8厘米，宽26.7厘米，高33厘米

黄花梨箱，正面开盖，内有抽屉可以用于置物，两侧有铜提手，便于移动置放，边角包铜加固，故虽历经岁月，依旧完好，更添一层古朴沉静之气。

黄花梨连三橱 清代
长198厘米，宽55.9厘米，高87厘米

黄花梨工字枨方桌 清代
边长99.5厘米，高86厘米

　　方桌黄花梨料，圆材，长短榫构造。面攒框镶两拼板，桌面底部设穿带支撑，大边及抹头皆不出榫，冰盘沿，工字型牙板为长短圆柱直材混面攒接而成，嵌入桌面及腿足，弧形挂牙与腿足交接，圆材直腿粗壮有力。

黄花梨三足笔筒　清代
高18厘米，直径18厘米

　　笔筒素身，直筒，矮三足，包浆亮丽，素雅沉静，木纹优美，外表呈深栗子色，惹人喜爱；肚脐底从未脱落，品相完美如初。

黄花梨嵌紫檀龙纹霸王枨方桌　清代
边长90厘米，高82.5厘米

　　方桌选材黄花梨，清中后期作品。面攒框镶板，大边及抹头中部挖空龙纹，平嵌紫檀双龙纹，较为特别。而此桌另一特别之处是腿足，王世襄先生称之为矮桌展腿式，此种形制并不限于方桌，可见同种造法的半桌。其自肩部以约30厘米左右的地方造成三弯腿外翻马蹄，看起来像一具接腿的大炕桌。以下则为光素的圆材直腿。桌面底部设穿带支撑，出榫，下设霸王枨，高束腰，牙板做成注膛肚形式，浮雕双龙衔灵芝。

黄花梨束腰半桌　清代
长111厘米，宽46.5厘米，高82厘米

黄花梨圆后背交椅 清代

长79厘米，宽63厘米，高100厘米

交椅作为可以折叠的椅凳，其基本结构在宋代已经定型。该椅靠背板采用三截攒成，上透雕螭纹开光，中为麒麟、山石、灵芝，下为卷草纹。椅面软屉以绳编成。下有踏床，既可翻转，亦可卸下。各构件交接处及踏床床面均用如意头铜饰加固。

黄花梨炕桌　清代

长101.5厘米，宽64.5厘米，高28.5厘米

　　炕桌以黄花梨制，桌面攒框镶板心，置拦水线。束腰，勾云形牙板，浮雕龙纹，弯腿，外翻卷书足。整体造型简练、雕工细腻、装饰简练、线条流畅、包浆莹润。

黄花梨书箱　清代

长54厘米，宽34.5厘米，高33厘米

黄花梨螭龙纹方桌　清代
长94厘米，宽92.8厘米，高85厘米

黄花梨箭腿半桌　清代
长93厘米，宽49.8厘米，高82.5厘米

黄花梨圆后背交椅 清代
宽69厘米，高98厘米

黄花梨圆角柜（一对） 清代
长81厘米，宽35.5厘米，高160厘米

弱者或老年人的卧室，都可通过焚烧黄花梨木达到日常调理的作用。

六、越南花梨木和海南花梨木的共性与差异

1.越南花梨木和海南花梨木的共性

越南花梨和海南花梨生长于地球的同一纬度，两者在我国的明朝时期一起携手将明式家具的辉煌推向了巅峰。如今，越南花梨和海南花梨又携起手来，同时出现，再次献身于中国明式家具文化的弘扬。然而，在历史上被称为"花梨"的这两种木材不管是木材的颜色和纹理，还是表像，均有着十分相似的特征。但是，越南黄花梨木却没有海南花梨木生得那么尊贵，这是什么原因呢？

其实，在此提及的"越南黄花梨木"，指的只是越南南部自贡地区一带——越南与老挝接壤山区中诞生的花梨木，这种花梨木在如今的市场上，被人们称为"越南黄花梨木"或者"越南花梨木"。

越南在我国西南部，与我国的广西壮族自治区相邻。明代时期，越南北部与中国广西所接壤之地被人们叫作交趾、安南。实际上，越南与我国之间的渊源极深，它曾经是我国封建统治时期的藩属国。所以说，历史上在越南地区出产的不少土特产长时间通过贡品方式输入中原。出产于安南、交趾地区的花梨木，在中国明代时也是主要贡品之一。

明《博物要览》中这样记载："……花梨木出交趾。"

唐《本草拾遗》中这样记载："……花梨木出安南。"

具体而言，越南黄花梨木当然是大自然赐予人类的一种著名木材，同时，越南黄花梨木为中国明式家具的

黄花梨攒镶鸡翅木矮靠背小禅椅（一对）　明晚期
长51.5厘米，宽44.5厘米，高94.5厘米

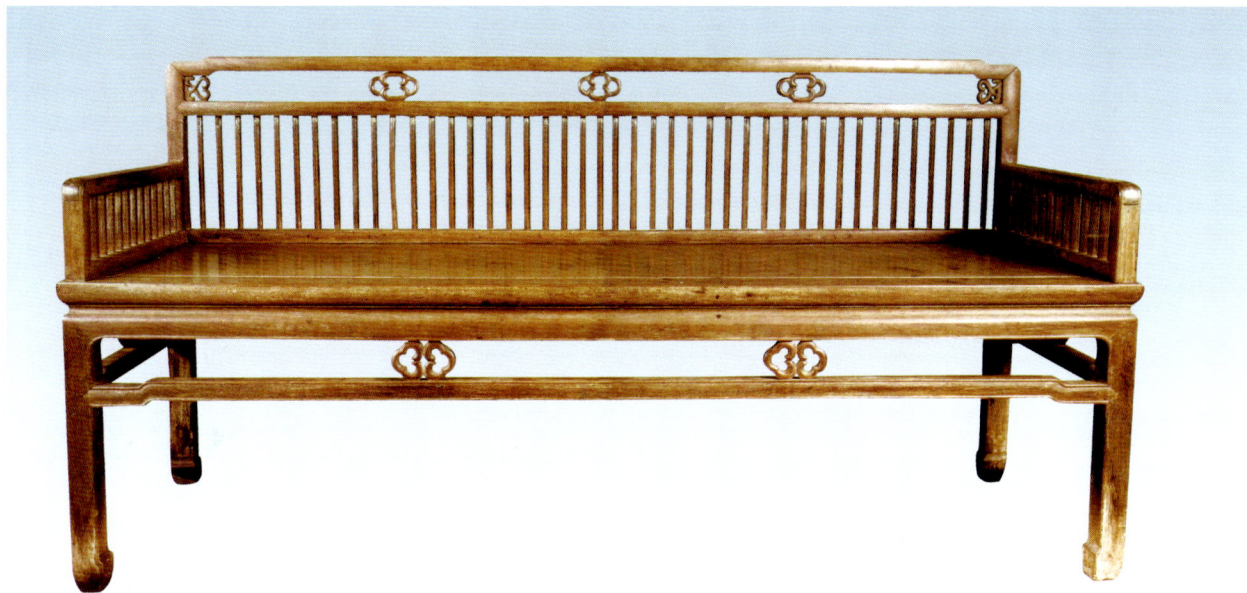

黄花梨三人椅　明晚期
长189厘米，宽63.5厘米，高93厘米
　　该椅精选黄花梨大料制作而成，造型端庄霸气，色泽古朴典雅。搭脑中部高起如罗锅状，下置如意卡子花；靠背及扶手为梳背式，椅面攒框平镶大块整板，冰盘沿，牙板正面安罗锅枨，枨上置云纹卡子花，直腿，内翻马蹄足。三人椅纹理细腻优美，俊秀文雅，简练明快，可谓"多一分则繁，少一分则寡"。

灿烂做出了极大的贡献。如今，人们从中国明代和清代时期流传下来的明式、清式黄花梨木家具中能够看出，有不少家具的制作材料为产于越南地区的花梨木。19世纪末和20世纪初，在广东地区、北京城及其周边地区，均可以看到很多家具，它们就是采用产自越南南部自贡山区和老挝地区被人们称为"越南黄花梨木"的木材制作而成的。

　　如果从品质上划分，产于越南的花梨木大致分两种：一种木质较粗，纹理简单，大多数是山水纹，产量大，品质差，专业人士常常将其称为"草花梨"；另一种木质较为细腻，花纹丰富，产量少，品质高。前者较为普通，大量被人们用于制作上漆的家具，而后者较为珍贵。然而，它们在植物属性中并无本质上的区别，人们根据现代植物分类学将其归为豆科类、蝶形花科的紫檀属。那么，是什么造成了两者的品质上出现了差异呢？可能是因为环境、气候、土壤差异所影响导致的，正所谓"淮南为橘，淮北为枳"。

　　在我国国内，不管是在研究中国古典家具的书籍中，还是在研究植物学的书籍中，均没有找到介绍越南产花梨该种植物的有关内容。市场上关于越南花梨木的资料不够，无法更深层次、系统性、仔细地研究和分析该种类植物和木材。所以，下面凡是对越南产花梨木和海南产花梨木比对中所引用的，均为常年从事买卖越南产花梨木和海南产花梨木的木材商和采用越南产花梨木和海南产花梨木生产制作家具的生产厂家，通过比对两种木材的直观特征和相互差异所得出的一些宝贵经验。比如，广东台山全炳亮先生等数家古典家具生产厂家，几年来，他们采用越南黄花梨木和海南花梨木制作家具，直接接触这两种不同的木材，可以说，十分了解二者的共性和个性。

　　在制作明清家具所用的硬木类中，越南产黄花梨木除了无法与产自海南岛的花梨木相媲美外，也是具有卓越品质的木材。在花梨木的木材种类中仍为"佼佼者"，而产于其他产地的花梨木根本无法与之相比。不夸张地说，越南黄花梨木和海南花梨木如同木材中的同胞"姐妹"，两者有不少相似的地方。

　　第一，越南黄花梨木和海南花梨木的木材里所含的植物油都非常丰富。

黄花梨双抽屉上格券口带栏杆亮格柜　明晚期
长114厘米，宽46厘米，高182厘米

黄花梨有束腰卷草纹方桌　明晚期
长86.5厘米，宽96厘米，高96厘米

　　桌面大边里面打洼，有束腰。壶门式牙，雕相向的螭纹及卷草纹，牙头雕卷叶纹。四腿上部位展腿式，下部为圆柱腿，四足与牙条间有弓背角牙扶持。

黄花梨仿竹六仙桌　明晚期
长87厘米，高83厘米

黄花梨"喜上眉梢"纹官皮箱　明晚期
长30厘米，宽33厘米，高28.3厘米

　　此件官皮箱黄花梨色泽深沉，纹质优美。所饰铜件皆为平镶，门板与箱盖以莲形面叶相接，云头形拍子开口容纳纽头，门上施精细的长方形合页、面页及鱼形吊牌。两侧设弧形提环。盖正面设菱形开光，铲地浅浮雕花卉纹。门板开光透雕梅花枝干转折，雀鸟停落枝头，闲逸自得，寓意"喜上眉梢"，意境清新，弥觉隽雅。底座壶门式轮廓，边缘起阳线雕卷云纹，平添古意。官皮箱内侧上层设平屉，安活轴装镜架。平屉下设抽屉五具，面页、吊牌保存完好。

黄花梨有束腰马蹄腿霸王枨嵌瘿木面小画桌　明晚期
长97.5厘米，宽77.5厘米，高51厘米

　　此桌周身光素。桌面攒框镶瘿木独板，冰盘沿打洼，高束腰，牙板与腿足以格角榫相交。四方直腿外撇，其内侧用霸王枨上端托着桌面的穿带，下端与足腿靠上的部分结合在一起，遒劲有力。内翻扁马蹄足。整器观之线条硬朗，造型纯朴，有素雅脱俗之态，也称得上落落大方。

黄花梨药箱　清代
长34厘米，宽23.8厘米，高31厘米

黄花梨六方形南官帽椅（一对）　明晚期
座面长73厘米，宽54厘米，座高49厘米，通高91厘米

　　此椅六足，是南官帽椅中的变体。座面以上，搭脑、扶手、腿足上截和联帮棍都做出瓜棱式线脚。座面以下，腿足外面起瓜棱线，另外三面是平的。座面边抹用双混面压线，管脚枨用劈料做，都是为了取得视觉上的一致。靠背板三段攒框打槽装板，边框也做出双混面。下段为云纹亮脚，中段装板，上段透雕云纹，故意将花纹压低，而使火焰似的长尖向上伸展，犀利有力。

黄花梨无束腰八足攒棂格围子六柱式架子床　明中晚期

长202厘米，宽120厘米，高207厘米

　　此件架子床造型独特，床座为四面平结构，不设束腰，直牙条以抱肩榫结合腿足，腿足上端出双榫纳入床底边框，下收为形状俊俏的马蹄足。床座边框内缘踩边打眼。六根直立角柱下端做榫拍合床座边框上凿的榫眼。承尘正面装挂檐，中有矮老做肩栽入分格，嵌入开光条环板，挂檐以双榫与角柱和床顶结合。床座上的三面围子做榫入角柱，短料锼挖后以榫卯攒斗灯笼锦图案。

黄花梨小香盒　明晚期

高4厘米，直径10厘米

　　此种小件器物，虽无复杂构造，却是考究之作，无任何雕饰，却若玉之巧雕，取黄花梨料整挖，上下纹理衔接无隙，合理用材，尽显纹质之雍容俏丽。盒身造型简练，通体光素。

黄花梨方桌　明晚期

边长95厘米，高82厘米

　　此桌通体为黄花梨木制作，冰盘沿，带束腰，直压条上浮雕梅花纹，四腿间均以梅花牙板镶连，方腿方足，尤其整体独面，大气厚重，虽历经百年，保存品相之完好，实属难得。

黄花梨有束腰罗汉床 明末清初

长210厘米，宽110厘米

此罗汉床为三屏风式，床围子攒框装芯板，束腰马蹄腿独面床板，纹理如行云流水，造型简洁明了。

黄花梨麒麟交椅（一对） 明末清初

宽74厘米，深57厘米，高112厘米

对椅为黄花梨木制。弧形椅圈为五接，靠背板微曲，中加横材两道，打槽装板，分三截攒成，上为如意云头开光透雕夔龙纹，中为麒麟祥云，下为亮脚，起卷草纹阳线。后腿与扶手支架的转折处镶云头形角牙，并辅以铜质构件。座面前沿浮雕卷草纹，前后腿的交接点用轴钉固定，足下带托泥。

第二，越南黄花梨木和海南花梨木的木材都有一样的颜色：褐红、金黄、黄、橘红、橘黄、黄白等。

第三，越南黄花梨木和海南花梨木在木材纹理特征上十分相似，二者都有典型、特殊的纹理，比如"烟雨纹""山水纹""鬼脸纹""狸猫纹"和"竹丝纹"。在中国古典明清家具的制作材料当中，现在已很难找到如同这两种木材纹理这么相近的硬木了。

第四，越南黄花梨木和海南花梨木的木质都非常细腻和坚韧，在木性方面也是其他产地花梨木无法比拟的。

第五，越南黄花梨木和海南花梨木都有木香味，且香味十分接近。但是，只有亲身体验才可以感受到二者的具体差别，用文字无法简单表述。

越南黄花梨木和海南花梨木极为相似，用局外人的眼光来看，的确没有大的差异，若不将其放在一起比较且给予附加说明，一般人很难准确地辨别出来。早在20世纪80年代，就曾经有人把越南产黄花梨木运至中国的海南岛充当海南花梨木来进行买卖，其实现在还存在着这种现象。如果把部分越南黄花梨木掺进海南花梨木中，则可以骗过一般人的眼睛，即便是常年买卖、接触海南花梨木且对这两种木材有所了解的人，有时也会走眼。这就说明海南花梨木和部分高品质的越南黄花梨木是非常相似的。

然而，"相似"与"相同"还不能等同。

众所周知，高水平仿制出的绘画赝品与绘画真品有着十分相似的外表，差异方面微乎其微。而正是因为这种"非常微小"的品质差异，才使赝品与真品之间出现本质上的差别，因此也就有了价值上的悬殊。艺术，其实就是在这种十分微小的差异中渐渐成长起来且从中体现出不同的价值的。与此同时，人们也从所谓的微小差异中实施眼力和学力的较量，且于较量中将具有中国文化艺术鉴赏特色的"眼学"孕育出来。实际上，也正是从微小差异的辨别中，人们鉴赏眼力的水平高低得以检验，正是因为如此，才在艺术品古玩市场中出现了两大学问——"淘宝"和"鉴定"。

2.越南花梨木和海南花梨木的差异

虽然越南黄花梨木和海南花梨木在木材颜色、木材气味、木材纹理特征和木材质感等不少方面有着相似的地方，但两者在不少方面还有差别。

（1）本质上的差别

在现代植物学分类中，越南花梨属蝶形花科的紫檀属，其专业名称是"越柬紫檀"；而海南花梨属蝶形花科的黄檀属，植物学界认定此品种在世界范围内被发现唯独长于海南岛，其专业名称是"降香黄檀"。越南花梨和海南花梨虽然俗名皆为"花梨"，但其实是"一名多物"的反映，在植物分类中，越南花梨和海南花梨所分属的植物类别不一样。

（2）珍稀程度的差别

海南花梨木具有卓越的品质，它的产量极低，资源有限，所以就显得非常珍贵。而越南黄花梨木与海南花梨木相比，有着大的产量，并且老料、长料、宽料、大料、直料，尤其是宽40厘~60厘米、长度2米~4米的木料是常见的。而如此规格的海南花梨木早已没了踪影，现在有的只是小料、新料、短料和弯曲料。越南黄花梨木也生长于老挝，且比越南的储藏量还要大。

（3）品牌上和心理上的差别

根据史料记载，产自于海南岛的花梨木，是最早被引入中原的一种热带雨林木材，虽然当时它是作为香料被引入中原地区的。然而，到了明代，海南岛花梨木却从不少适合制作家具的木材当中脱颖而出，进而建立起其在明清乃至现在家具木材中牢固、威严的地位。因长时间以来对明清家具文化做出的贡献，其品牌早已印刻在了人们的心目中。海南花梨木留给人们的品质印记永远都是珍稀、高贵和卓越的。而越南黄花梨木在这一方

黄花梨四出头官帽椅　明末清初

长49.5厘米，宽59.5厘米，高111厘米

　　此黄花梨官帽椅代表四出头官帽椅的基本式样，搭脑中间成枕形，两端出头，宽厚光素的三弯靠背板，弯弧有力，嵌入搭脑与椅盘之间。后腿上截出榫纳入搭脑，前鹅脖与腿足亦是相似做法，一木连做。扶手呈三弯弧形，圆材联帮棍按在扶手正中下面，下端与椅盘相接。椅盘格角攒边置屉，座面下三面安光素的直券口牙子，沿边起阳线。腿足间置步步高赶脚枨。

黄花梨圆裹腿大禅凳（一对）　明末清初
长52.5厘米，宽63厘米，高63厘米
　　方凳座面攒框织屉，有垛边，裹腿做。垛边与帐子之间以格肩榫栽入矮老分隔两个空间，镶入椭圆卡子花。圆材腿足以暗榫纳
入座面边框底部。

黄花梨整扣起线笔筒　明末清初
高14.5厘米，直径13厘米

黄花梨小提盒　明末清初
长18厘米，宽11.5厘米，高14厘米

面就逊色多了，应该说两者根本就不可相提并论。

（4）品质的差别

　　尽管说"物以稀为贵"，但是经典的奢侈品到了最后仍以"品质"来定天下。海南花梨木不管在木材质
感、纹理方面，还是在木材性能、颜色方面，都优于越南黄花梨木。

　　1）质感上的差别

　　海南花梨木的质感是其精华之处，琥珀般剔透、玻璃釉般晶莹亮丽和如玉般圆润构筑了其精致的质感。
在质感上，越南花梨木和海南黄花梨木最大的不同之处是，越南黄花梨木无论进行怎样的处理，都根本没有办
法表现出琥珀般通透的视觉效果，在木质亮丽程度方面也远远比不上海南花梨木。且由木质圆润感所产生的亲
和力也无法和海南花梨木相提并论。

黄花梨圆腿直枨长方凳　明末清初

长52.5厘米，宽52厘米，高43厘米

　　实际上，造成这样的原因当然有不少，但海南花梨木里所内含的植物油特别丰富这一点是我们可以直接看到的。据制药厂提炼的结果显示，海南花梨木里的含油量比越南黄花梨木的还要高出30%以上。正是海南花梨木里含有丰富植物油的这一特性，才使得木材显得亮丽生辉、晶莹剔透和光泽圆润。而越南黄花梨木是没有这种效果的，可能是由于其木材内所含的植物油还没有达到这种效果所需的临界，因此在和海南花梨木比较的时候，就会显得不通透且干涩。

　　2）纹理的差别

　　海南花梨木的纹理不光极为丰富、动感强烈、变化无穷，在纹理上还层次分明，富有渐变、生动、细腻和文雅的特点，构建了其不朽的灵魂。其实，海南花梨木纹理的最大特色是，木纹各种不同的纹理图案皆为由黑色、棕褐色、象牙白色、象牙黄色或多种不同的颜色共存而成，凭借着线的形式将木材的纹理图案构筑起来。而且所表现出来的木材纹理线，不管是图案与图案之间，还是线与线之间都十分清晰和分明。即使为若隐若现的朦胧纹理，在图形间的渐变、过渡和层次方面也毫不含糊，显得非常自然。

　　相比于海南花梨木，越南黄花梨木的纹理则表现僵硬，木材纤维粗犷，动感不强，如麻丝状一般。且纹理缺乏层次感，表现朦胧且不清澈。木材纹理居多的是"山水纹"和"竹丝纹"，但也有"鬼脸纹""狸猫纹""烟雨纹"和"行云流水纹"，不过非常少见。越南黄花梨木木纹纹理图案的构成形式呈现出的是密点状和散点状，因构成纹理的黑点极不均匀地分布，所构成的纹理就缺乏生动感，也不够清晰，略带僵硬，缺乏层次和动感，无活灵活现之美感。

　　3）木材颜色的差别

海南花梨木的木材色底清澈、亮丽、干净，且非常稳定。除非将其放到室外进行暴晒，木材表面的颜色才会变白、变浅；如果将其放在室内，其花纹和颜色百年都不会产生变化。而越南黄花梨木纹理黑色密点不均匀地散布着，所以木材色底就比较混浊，好像有一层朦胧的表层。与此同时，其底色也会稍微呈现出轻浮感，没有沉稳性，并且常出现带有分散点状的黑色小霉点。最主要的是，黑色小霉点还会慢慢地增多、慢慢地扩散，到最后构成片状的黑斑（具体原因并不明确）。其实，这是较为常见的一种情况，一旦发生该种情况，家具就会黯然失色。若从木材颜色方面来讲，越南黄花梨木和海南花梨木的颜色都很多样化。深颜色有褐色、紫褐色和红褐色；浅颜色有黄色、浅黄色、泛白的黄色、橙红色、红黄色。而木材的颜色不管是浅色的还是深色的，其细微差别都具有一大共同的特点：越南产花梨木的颜色显得略有轻浮、烦躁、混浊感，不过，这种轻浮、烦躁的颜色随着家具使用时间的增加，会慢慢地稳定下来；而产自于海南岛的花梨木则在颜色方面就特别纯正，显得沉稳。

4）木性的差别

业内人士在充分地比较当今海南产的花梨木和越南产的花梨木后，得出这样的结论：产于海南的花梨木木性在稳定性方面要好于越南产花梨木。所谓"木性稳定"，实际指的是将制作完毕后的家具辗转移过赤道南或赤道北的地方进行安置，对其收缩或膨胀的结果进行仔细观察得出的结论。收缩或膨胀的系数越小，木材就越稳定；若情况相反，则表明木材稳定性欠佳。

人们经多次实验证明了这样一个问题：用同样的风干方法，采取一样的风干时间；或者是将其放入烘干房实施人工烘干，且采用相同的烘烤时间。用进行这样处理过的两种木材同时制成家具，且移往北方。一到了北

黄花梨四出头官帽椅（一对）　明末清初
宽49.5厘米，深59.5厘米，高111厘米

黄花梨圆裹腿大禅凳（一对） 明末清初
边长63厘米，高52.5厘米

黄花梨无束腰攒罗锅枨条桌 明末清初
长157.4厘米，宽70厘米，高82厘米

方，以两种不一样木材制作而成的家具，在稳定性方面的差异即显露无疑了。用海南花梨木制作的家具回复力强，抗收缩性也强。

　　海南花梨木之所以具有极强的稳定性，可能是由于其内含丰富的植物油和具有独特的木纤维结构所致。海南花梨木具有形状为"人"字形或是相互扭转交错型的纤维结构。要知道，海南花梨木木材中所含的植物油十分丰富，使木纤维结构间隙一直处于饱和状态，因此其稳定性和韧性都非常强。而越南黄花梨木的木纤维排列结构形状为直顺状，在植物油含量方面也要低于海南花梨木，所以相对于海南花梨木而言，其木质的稳定性就较欠缺。再者，海南花梨木的韧性强，而越南花梨木在这方面就比较弱。我们曾做过这样一个实验，各用像牙

黄花梨油束腰马蹄腿炕桌 明末清初
长97.2厘米，宽62.4厘米，高29厘米

黄花梨提篮 明末清初
长37.5厘米，宽22厘米，高25厘米

提篮选料黄花梨制作，通体素工，提篮四边铜包角原装，篮分三层，框形底座与提梁连接，铜锁穿条。明末文人对政治失去信心，仿农家送饭的提篮设计制成存放笔墨纸砚等文具的玩器，随身提携，游历之用，有归隐之意，后被广为流传。

签一样大小的两种木材，通过简单的折断实验对其进行比对。海南花梨木用力掰既很难被掰断，还会有"藕断丝连"的现象出现。而越南黄花梨木就显然比不上海南花梨木，由于其木质稍脆些，所以很容易掰断，且一旦被掰断就会分成了两段，也无"藕断丝连"现象出现。还有，在对这两种木材进行手工刨的时候，海南花梨木的刨花不易断，总是成条地飞出；而在对越南花梨木进行手工刨的时候，其刨花就不会成条，而是断成一小段一小段的。通过这种不同的现象，也可以正确地辨别两种不同的木材。

5）香味的差别

看起来简单的味觉比较，其实很难用文字来描述。离开了参照物，很难用文字做出形象的表述。所以说，用香味来区别越南黄花梨木和海南花梨木的方法对于从未接触过这两种木材的人而言，毫无现实意义。

越南黄花梨木和海南花梨木的木香味，均不是仅一种单纯的气味。总体而言，越南黄花梨木的木香味是一种淡淡的清香味，味中还带着轻微的酸味；而海南花梨木则为浓郁的辛辣香味，稍微还带有一些"劲头"感。然而，这两种木材的木香味，最起码都由十多种不同香型组成，这两种木材的木香味非常相近，只存在十分细小的差别。即使是常常与这两种木材进行接触的人，只是凭借着木材的气味去判断，根本无法做出准确的判断。两者的木香有一个共同的特点，那就是：木材颜色越浅，其香味就越清香；木材颜色越深，就越具有浓烈的味道。

从木材香味的角度来讲，不管是越南黄花梨木还是海南花梨木，一旦被做成了家具，且长时间放置以后，所散发出的木香味几乎相同。

（5）木材市场价格的差别

商品价格尽管决定于商品市场的供求关系，但是，也是商品品质的招示牌。现在，我们没有办法对越南黄花梨木和海南花梨木在历史上不同时期准确的交易价格进行查证。但在如今，海南花梨木的市场交易价格要比越南黄花梨木的市场交易价格高出很多。

黄花梨圆裹腿长条桌　明末清初
长185厘米，宽57.2厘米，高88.5厘米

黄花梨夹头榫小画案　明末清初
长159.5厘米，宽70.4厘米，高85厘米

黄花梨霸王枨南官帽椅（一对）　明末清初
宽56.5厘米，深44厘米，高107厘米

黄花梨高靠背南官帽椅　明末清初
宽54厘米，深44厘米，高104厘米

黄花梨一腿三牙方桌　明末清初
边长101厘米，高84厘米

黄花梨棋桌　明末清初
长88厘米，宽88厘米，高87厘米

黄花梨官皮箱　清早期
长32厘米，宽24厘米，高30.5厘米

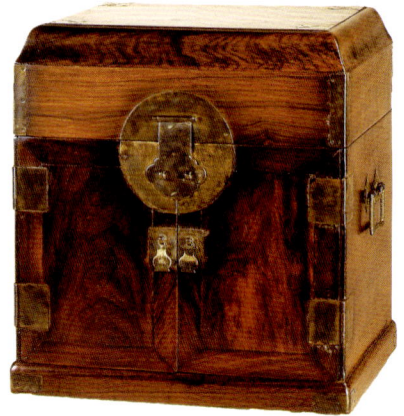

黄花梨官皮箱　清早期
长31厘米，宽24厘米，高35厘米

　　此官皮箱采用黄花梨制作，全身光素，两侧板纹如行云流水，又如晕染开的中国水墨，自然天成。内设三层共五具抽屉，内板用铁力木装配。箱体正门两扇，箱盖与箱体扣合。

　　现以一块厚6厘米、宽26厘米、长260厘米的方料为例。在如今的市场上，该种规格的海南花梨木老料的市场价格为每斤万元以上，如果以吨为单位，每吨花梨木的价格则在千万元以上，且很难购到。同样是该种规格的越南花梨木老料，且具有最佳品相的，每吨价格大概是4、5百万元。

　　如今，市场上长度约为100厘米、直径约为20厘米的海南花梨木老料，每斤的交易价超过了10000元；而这种规格的越南黄花梨木每斤的价格约为2、3千元。对于海南花梨木树根及不规则的小料而言，每斤的价格在1000元以上，而顶级的好料曾经出现过每斤3万元人民币成交的记录。清《儋县志·政经志·土贡》中有这样的记载，清朝海南岛进贡花梨木的时候，其计量仍以"两"为单位（十六两为一"觔"）。上面所引用的木材市场价格，只限于2013年的市场价格，因为该价格不代表过去，当然更不代表将来。

　　可以说，海南花梨木品质方面的高贵早已经深入人心，稍微了解海南岛花梨木的人，对其价格的昂贵都了解。如果由海南岛购买花梨木，运至内地，再加上相应的运费、利润以及考虑到价格的浮动，到了内地的花梨木在价格方面应该高于花梨木在海南本地的价格很多，如果是出价者开出的价格比产地价格低出不少，那么这些木材还会是真的海南花梨木吗？除非是将别的因素掺了进来，或者属于友情转让的半买半送，如若不然就没有可能性。

以上识别两种木材的方法，仅有效作用于原材料状态下的木材识别，而对成器后家具形态的木材识别就无法仅靠如此来辨别。

就中国的古典明清家具来讲，如果没有办法确定制作家具所用的材料，也就没有办法对家具的价值进行确定。不同品质和种类的木材，会构成价值不一样的家具，其实这一条早已成了对古典家具价值进行评估的定律之一。明清家具的价值既体现在工艺和造型方面，也体现在所用木材的珍贵稀有程度方面。这些珍贵稀有的木材，既成了家具的重要价值基础，也给家具增添了典雅、端庄和尊贵的艺术效果。不得不说，花梨木锻造出了明式家具的艺术辉煌，所以也将明式花梨木家具的价值基础构筑了起来，当然在这一点上人们也早已经有了定论。

3.越南花梨木和海南花梨木家具的价格差异

"黄花梨木"并非某种植物出产木材的特有名称，然而该名称所代表的木材无论是在学术界还是收藏界，

黄花梨四出头官帽椅（一对）　清早期
宽59厘米，深46厘米，高118厘米

黄花梨葵口形笔筒　清早期
高14.5厘米，直径14厘米

六角葵口镶底笔筒，黄花梨木制就。通体造型大气，内外包浆滋润，"鬼脸"木纹清晰可见，口起线，筒嵌底，底承三足，素雅大方。笔筒是文房中常见的品种，但六角葵口花纹形笔筒较少，且"葵"又与"魁"同音，寓意高中夺魁。

黄花梨大笔筒　清早期
高21厘米，直径21.5厘米

黄花梨因质地细腻、色泽沉静、纹理变化多样，备受世人喜爱。明末清初文人崇尚自然、追慕无华，工匠亦充分展现黄花梨木质纹理之典雅华美。此笔筒平口直身，素无雕工，简洁规整，彰显大气。

黄花梨夔龙纹大翘头案　清早期
长239厘米，宽53厘米，高97.5厘米

黄花梨书箱　清早期

长21厘米，宽38厘米，高24厘米

　　此件黄花梨书箱纹质美观，若行云流水。四角用铜页包裹，盖顶四角镶云纹饰件，正面花叶形面页，拍子作云头形，两侧面安提环。盒盖相交处起宽皮条线，既起到防固作用，又增加装饰性。

黄花梨夹头榫画案　清早期

长139.5厘米，宽85.5厘米，高39.5厘米

　　夹头榫条案为明式家具中的经典范例。案面攒框装板，边抹呈毗卢帽形，下接光素刀牙板。四腿以夹头榫与腿足相交。两侧腿足间各装两根横枨，视觉效果清朗。整案纹理连贯自然，线条简洁明快，包浆莹润，体现了明式家具的简约之美。

黄花梨圈椅　清早期

长59厘米，宽45厘米，高97厘米

　　此椅弧形椅圈自搭脑伸向两侧，通过后边柱向前顺势而下形成扶手。背板稍向后弯曲，形成背倾角，颇具舒适感。四角立柱与腿一木连做，"S"形联帮棍连接椅圈与座面。席心座面，座面下装壶门券口，雕卷草纹。腿间步步高赶脚枨寓意步步高升。圈椅为常见椅式，由交椅演变而来，上半部还留有交椅的形式。最明显的特征是圈背连着扶手，从高到低一顺而下。背板都做成"S"形曲线，是根据人体脊椎骨的曲线制成的。

黄花梨方形桌　清早期

边长82厘米

　　鼓腿彭牙式，肩部向外膨出，托腮肥厚，足底向内兜较多，并把马蹄做得接近圆球形。桌面光素，边抹及托腮均做线脚。

黄花梨平头案

长138厘米，宽42厘米，高83厘米

黄花梨有束腰罗锅枨展腿方桌　清早期

边长87厘米，高86厘米

　　此桌自肩部以下约30厘米的地方造成三弯腿外翻马蹄，看起来像一具接腿的大炕桌。以下则为光素的圆材直腿。桌面底部设穿带支撑，冰盘沿作打洼处理，至底部起线，可见透榫。牙板做成洼膛肚形式，并琢出牙角，边沿灯草线延伸至展腿，流畅优雅。牙子以下罗锅枨齐头碰与圆材腿足相接。优秀的黄花梨材与精研的形制完美结合、映衬、雕饰精巧，毫不繁复做作，造就了整器的妍秀清雅。

黄花梨两屉供桌　清早期

长70厘米，宽35厘米，高85厘米

黄花梨圆腿云头牙板直枨带屉小案　明末清初

长75.5厘米，宽32厘米，高75厘米

黄花梨带屉夹头榫小香案　清早期

长72厘米，宽71.5厘米，高39厘米

此件小案，案面攒框装板芯，在案面下约30厘米的部位，四根圆腿之间加横顺枨，枨子打槽装屉板，形成平头香案的隔层，以增加小案的使用空间，可承置炉器香料之物。牙条以夹头榫与腿足相接，牙头镂成卷云状，颇显温婉秀气。

黄花梨文具箱　清早期

长34厘米，宽23厘米，高21厘米

此箱黄花梨制，周身光素，唯以自然细腻的纹质和严谨的榫卯结体取胜。型制为一片前开门式，门框格角攒边装板芯，板芯镶入瓣形面页及拉手，其上方边抹装长方形面页及扣锁，铜件卧槽平镶，极为细致。设提梁，便于提携，另琢出卷云线脚。内置四屉，铜件皆保存完好。

均被人们看作是海南花梨木的代名词，从而得到了市场广泛性的认同，且被约定俗成地一直沿用到了现在。然而，事实上，现在不管是在家具市场里，还是在古典明清家具拍卖会上，有不少是以"黄花梨木"制作而成的明清家具，这其中也有的家具是用越南黄花梨木制作而成的。这种现象并非极个别，而是十分普遍，且也没有因此影响于家具的价格，这好像和前面提及的那条家具价值定律不相符合。这种情况的产生，究竟是因为人们到现在仍然没有办法辨别出明清时期制作的家具中哪些是用越南黄花梨木制作而成的，哪些是以海南花梨木制作而成的，从而采用"黄花梨木"一词一笔带过呢？还是因为人们默认了明清时代用越南黄花梨木制作而成的家具和用海南花梨木制作而成的家具，其价值是相等的呢？如若不然，那摆在当今人们面前的问题，即为怎样识别明清时期的家具里，哪些是用越南黄花梨木制作而成的，哪些是用海南花梨木制作而成的。而这是对家具价值走向产生直接影响的根本性问题。

对成器家具制作所用的木材进行识别，尤其是对明清时期制作而成的家具进行识别，哪些是用越南黄花梨木制作而成的，哪些是用海南花梨木制作而成的，通常会碰到以下情况。

自明朝中晚期起一直到现在，各个时期都有用越南黄花梨木制作而成的和用海南花梨木制作而成的家具。而识别这些家具制作时所用的木材，将受到诸如鉴别字画和瓷器那样存在不可破坏性的局限以及木材因年代久远表面老化、使用环境不同、养护程度不同、制作工艺和方法不同，以及是否使用刻意作旧手段等很多不同因素的影响。

对家具材料进行识别时，主要还是从把握和区分两种木材十分细致的不同质感和纹理入手。然而，人们应看到：明清时期的家具，一方面，家具木材表面出现老化的现象，给观察木材纹理和质感增加了难度；而另一方面，受制作时对家具木材打磨要求的局限，使得家具木材的表面表现清晰度不够，也会给木材纹理和质感的观察工作增加一定的困难。在这样的情况下，无论是对人们的经验，还是眼力，均为一大考验。

黄花梨上格券口亮格柜　清早期

长106厘米，宽55.8厘米，高190.5厘米

　　此件亮格柜以优秀的黄花梨为材，亮格在上，三面安券口。精细的铜质面页、纽头、合页实用而美观。亮格中可置古玩青铜瓷器，便于观赏。柜门攒框装芯，"落堂做"，门板花纹对称，细腻文雅，意境斐然。柜内有较大存储空间，装抽屉两具。四面底枨下有施边缘起线的刀牙板。

黄花梨两撞提盒 清早期

长34.5厘米，宽13.5厘米，高20厘米

从文献和图画材料来看，提盒在宋代已经流行。用黄花梨等贵重木材制作的提盒，用来储藏玉石印章、小件文玩。此具提盒两撞，连同盒盖共三层。用长方框造成底座，两侧端设立柱，有站牙抵夹，上安横梁，构件相交处均镶嵌铜页加固。每层沿口皆起灯草线，意在加厚子口。盒盖两侧立墙正中打眼，用铜条贯穿，把盒盖固定在立柱之间，稳靠无虞。

黄花梨大书箱 清早期

长52厘米，宽20厘米，高29厘米

此件书箱黄花梨纹质细密优美，四角皆饰以卧槽平镶云纹包角，正面圆形面页，拍子作云头形开口容纳纽头，实用而具有装饰美感。盒盖相交处起线，起到加固防护作用。两侧安弧形提环。

黄花梨圈椅　清早期

宽59厘米，深45厘米，高98厘米

　　椅圈扶手五接，两端出头回转收尾圆转流畅。靠背板中央雕如意形纹。背板上端施以花牙，增加了装饰效果。后腿上截出榫纳入圈形弯弧扶手，穿过椅盘成为腿足。扶手与鹅脖间嵌入小角牙，扶手下联帮棍上细下粗。座面下安雕饰卷草纹的洼膛肚券口牙子，曲线圆劲有力，琢卷草纹，草叶伸展至沿边阳线。左右两侧亦是洼堂肚券口牙子。前腿施脚踏枨，左右两侧与后方则安方材混面步步高赶脚枨。脚踏与两侧枨子下各安素牙条。

黄花梨有束腰攒拐子枨直腿大方凳　清早期

边长62厘米，高49.5厘米

　　方凳坐面装软屉，冰盘沿押线。牙板不施任何雕饰，与方材腿足格角相交。腿足间以短料攒制的罗锅枨，枨子与牙板间以格肩榫栽入矮老，造型严谨考究，韵致古拙。直腿落地，不用马蹄，形制疏朗，可见明式家具隽永之风。

黄花梨双门八屉药箱　清早期

长37.7厘米，宽30.5厘米，高33.6厘米

　　此箱精选黄花梨制成，箱顶四角榫卯相接包以铜角。箱门对开，攒框镶板，施以铜质方形面页，纽头、吊牌保存完好。箱子两侧饰有弧形把手。内置八个抽屉。底座四角亦包铜角，起到固定保护作用。

黄花梨有束腰直腿打洼条桌　清早期

长105厘米，宽89厘米，高46厘米

　　条桌陈设灵活，传世较多，然做工用材都值得称道者并不多见，此件即为其中之佼佼者。木条桌采用了明式桌类家具最标准的造型：束腰、马蹄腿、罗锅枨。独特之处在于，边抹腿足皆打洼处理，规矩而雅致。

黄花梨带闩杆有柜膛圆角柜　清早期

长84厘米，宽44厘米，高140厘米

　　此件圆角柜柜帽喷出。两扇门以格角榫攒框镶黄花梨独板，选料极精，一木对开，纹理清晰优美、明澈生动。装有中柱闩杆，闩杆及两扇柜门互为叠压，即需先卸下闩杆方可打开柜门。面页、纽头、吊头等为白铜所制，衬托出柜身温润秾华。下设柜膛，两根横枨间以一根立柱相隔，将立墙分为两段，底枨下又饰光素的大牙板。柜身内部置屉板两块，隔成三层。

黄花梨圈椅　清早期

宽59厘米，深45.5厘米，高95厘米

　　圈椅以黄花梨木制，扶手两端出头回转收尾圆转流畅。三弯靠背板光素宽厚有力。后腿上截出榫纳入圈形弯弧扶手，下端纳入椅盘。扶手与鹅脖间嵌入小角牙。扶手下联帮棍上细下粗。椅盘冰盘沿，以罗锅枨置矮老代替常见券口牙子，使圈椅有通透感。前腿施脚踏枨，枨子下各安素牙条。

识别由越南黄花梨木或海南花梨木制作而成的家具，与以上所述的原材料区别方法如出一辙。海南黄花梨木特点：颜色沉穆纯净，色底纯正、干净；纹理自然生动，清晰且层次感强；质感亮丽通透、光泽圆润，给人一种透明的荧光感。

尽管说要领仅仅是简简单单的几句话，但是关键还需自己亲身去体验、经历，只有多对两种木材细微的差别进行仔细的观察，才能具有经验。不过需要注意的是，区分明清时期制作家具所用的木材，无论是辨别紫檀木，还是辨别越南黄花梨木和海南花梨木，至今也没有一套简单的方法。尽管如今的人们能够凭借着先进的科学显微仪器，检验和分析木材的切片细胞。但就现在来讲，检验整件家具的方法暂时是无法行得通的。这主要是由于现在木材检验单位，只负责家具局部取样的木材检验样品，要知道，局部的木样没有代替整体的可能性，它不可能对整件家具里的每一个构件取样进而去分析，这样做起来，不仅不经济，也不现实。与此同时，识别家具整体木材，即便是科学技术手段能够行得通，但也没有即时的操作性。现实更多的识别得凭借见识多广积累下来的丰富经验，其难度是需要重视的，完全不逊色于鉴定瓷器。

现在，越南除了自贡和与老挝边界接壤的山区产出上文提的越南花梨木外，越南其他地方产出的花梨木在品质上非常接近东南亚周边国家和地区产出的花梨木。这类花梨木，具有较粗的木纤维，木香也只有在锯木的时候才可以闻到，通常木材颜色有褐红和橙红，色基通常为灰色底，棕眼较大，没有油质感，业内人士通常称这种类型的花梨木为"草花梨木"。用这类花梨木制作家具，往往在油漆家具前，还需刮层腻子补平其木材表面较大的棕眼，所以人们通常不用这种类型的花梨木来制作光素型的家具。这类花梨木分布广，且产量非常大，是市面上制作和生产普通花梨木家具用得最多的家具木材。

在前几年，越南实行改革开放，外汇不足，砍伐了不少的热带原始雨林，其中包括大量越南黄花梨木在内的木材出口或者走私输入我国。那时正值我国国内古典红木家具热潮兴起，所以现在市场上看到那些标着"黄花梨木"标签的高级仿明清式家具大部分是用越南黄花梨木生产的。而那些档次稍低的仿古典家具，在价格方面要比标着"黄花梨木"标签的家具稍微低一点，大部分是以缅甸、越南、泰国以及部分东南亚、南美洲和非洲国家出产的花梨木制作而成的。

我们不妨从中国古典家具价值基础的视角，进行更深层次的思索：如果是市场上被人们叫作"黄花梨木"的家具，是使用越南黄花梨木、海南黄花梨木、海南紫花梨木，或是别的产地纹理和色泽方面都近似于花梨木的木材制作而成，那么它们会有品质上的差别吗？它们在价值、价格方面，是不是该拥有一定的差别呢？

在如今的中国明清家具市场上，用不同品种木材制作而成的家具，在价格方面的差距是很大的。越南黄花梨木与海南岛产的花梨木，若木材规格相同，而价格则会相差三十倍还多。而用这两种不相同产地木材加工成的相同尺寸和造型的家具，其价格悬殊更大，如同明代的民窑瓷和官窑瓷一样。

明式花梨木家具蕴藏着丰富、独特的文化内涵，其价值也被现在的人们挖掘了出来。因此，人们也很快改变了原来的"明式花梨木家具为普通家庭用具"的传统观念。毋庸置疑的是，明式花梨木家具以其独一无二的艺术价值越来越得到了社会的认同，其市场价格提升之迅速和认同度之高的确令人震撼。然而，人们还必须有这样一种清楚的意识：明式花梨木家具所蕴藏的价值，仍然需要人们不停地去探索和挖掘。

第四章

黄花梨家具的起源
和发展

一、黄花梨家具简介

在很长的一段时期内，人们对黄花梨家具的认识进入了误区，以为明式黄花梨家具大都是在明朝制作生产的。而事实上不是这样的，黄花梨家具生产的黄金时代是清前期至乾隆这一百多年，嘉庆以后就几乎不再生产了。原因是明晚期嘉靖、万历两朝，宫廷家具均以漆器为主。华丽的漆制家具占领市场，黄花梨家具显然不是主流。而清式家具由宫廷形成后才进入民间，这需要一定的时间，与人们想象的有很大的差距。因此，不能仅以"明式""清式"来断定年代。其实，绝大部分古家具的断代都是由制作手法提炼成"符号"以后综合决定的，了解细微变化，对判定明式家具的年代颇为重要。

二、"花梨"家具的起源及历史实际情况

要谈"花梨"文化，就必须要谈降真香，因为"降香花梨"的味道与降真香相似，所以"花梨"最早的用途是香道和药用，也是降真香最初的替代品。

降真香，古称番降，也叫鸡骨香，是藤类植物，香味很大并略带辛辣甜，燃烧起来油脂呈黑色或红色大量外溢，其枝叶与降香黄檀形状接近，但圆滑厚实。降真香木质香味如花似麝，新砍伐后截面犹如酿酒之香，久之，则醇化为降香味和花香融合的味道，细嚼品尝会感到味道苦中带麻。据历史记载，降真香原产于中国南部诸区、印度国、南洋诸国。

降真香的枝蔓很长，砍断后的藤本心部易烂，而与活体连接的断面就会迅速结香。空心的降真香多崎岖嶙峋

黄花梨春凳　明代
长37.2厘米，宽49厘米，高98.5厘米

黄花梨蟠螭麒麟纹翘头案　明代
长196厘米，宽44厘米，高85厘米

黄花梨条案　明代
长170厘米，宽46厘米，高84厘米

黄花梨雕云纹琴几　明代
长95厘米，宽28.2厘米，高37厘米

黄花梨四平面带翘头条桌　明代
长112厘米，宽48厘米，高86厘米

黄花梨高束腰雕龙纹香几　明代
长37厘米，宽37厘米，高94厘米

黄花梨有束腰攒罗锅枨画桌　明代
长136厘米，宽71厘米，高85厘米

黄花梨雕凤纹小平头案　明代
长118厘米，宽49厘米，高80厘米

黄花梨罗锅枨绿纹石面香案　明代
长84厘米，宽53厘米，高84厘米

黄花梨夔龙纹五屏风式镜台　明代
长30厘米，宽51厘米，高66厘米

黄花梨螭纹霸王枨画案　明代
长131厘米，宽78.5厘米，高81厘米

黄花梨雕龙纹大翘头案　明代
长300厘米，宽58.5厘米，高93.5厘米

黄花梨小圆腿平头案　明代
长133厘米，宽45厘米，高79厘米

黄花梨云纹酒桌　明代
长95.7厘米，宽61厘米，高80.9厘米

黄花梨万字纹书橱（一对）　明代
长94厘米，宽50.5厘米，高169厘米

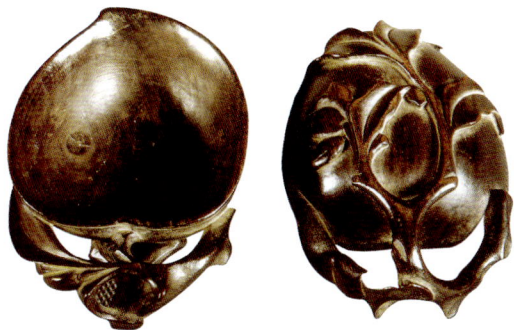

黄花梨桃形小摆件（一对） 明代
长10.5厘米，宽7.3厘米，高3厘米

天圆地方黄花梨座 明代
边长18厘米，高4.5厘米

黄花梨直枨半桌 明代
宽100厘米，深62厘米，高85厘米

黄花梨琵琶 明代
长95.5厘米，宽32厘米

峋似鸡骨，古人也称其为"鸡骨香"。降真香含香脂极高，烧之能闻到沁人心脾的香味，拌合诸香味道更佳。

清代吴仪洛所撰《本草丛新》中记述为"烧之能降诸真"，故名"降真香"。降真香可入药，主治痈疽恶毒或刀伤止血。降真香被誉为诸香之首，古人对它的崇拜已超越了沉香，其价值更是十倍于沉香。

由于唐宋时期大量的采伐使用，降真香到明代中期已经濒临灭绝。到清代，降真香只有皇帝可以享用了，并大多是流传下来的古玩老件。相传光绪皇帝得了花柳病无药可救，最后御医用老降真香配药治愈。降真香内服是活血化瘀除疳神方，外敷是排脓消炎生肌良药，是中医植物中药之王。近年在中国海南保护区和缅甸南部山区陆续发现降真香活体植株。

明代后期，由于降真香大量减少，人们开始用带降真香味道的印度"花梨"来代替，这些印度"花梨"实际是东南亚南部沿海及印度一带出产的一类带香味的木头，都是郑和船队远洋泊回的，由于印度"花梨"与降真香的药用价值和香味相差太远，不受民众喜爱，于是越来越多的印度"花梨"积储在江苏东山太仓港口，这一带的造船工祖辈都是做家具的能工巧匠，在他们的努力下，这些积储在港口的印度"花梨"原木被制作成了精美家具，并得到南京皇室的认可。由于纹理优美，很像中国传统的老梨树家具花纹，因而被称为"花梨"，于是"明代花梨家具"大量盛行，反过来也激发了大量海运花梨的势头，更多的花梨家具在几十年内流行大江南北，由于明代古都在北方，通过京杭大运河便利的运输条件，这些家具流行到了北方。到清中期，这些花梨消耗殆尽，也就是传说的"明代花梨清代用"，为区别后来的替代品，到光绪时期花梨家具开始出现了黄花梨的称谓，并一直延续到今天。

降真香在中国最后的产地是海南岛，今天在海南岛仍能发现降真香活体植株。海南降香黄檀（海南黄花梨）味道类似降真香，所以，开始是掺杂在降真香中使用的，后来随着海南降真香的日益减少，海南降香黄檀顶替了海南降真香。

由于海南降香黄檀油性十足，颜色深紫，略带辛辣甜的降香味比东南亚舶来的印度"花梨"更像降真香，

黄花梨文具盒　明代
长26厘米，宽15.5厘米，高8.5厘米

黄花梨冰绽纹小万历柜　明代
长42厘米，宽32厘米，高74厘米

黄花梨烟枪　明代
高21厘米，直径9厘米

黄花梨围棋罐（一对）　明代
直径16厘米

黄花梨簇云纹马蹄腿六柱式架子床　明代
长252厘米，宽156厘米，高222厘米

黄花梨翘头案　明代
长136.5厘米，宽53.5厘米，高82.5厘米

黄花梨簇云纹三弯腿六柱式架子床　明代
长222厘米，宽155厘米，高230厘米

黄花梨有束腰马蹄腿罗锅枨长条桌　明代
长158厘米，宽58厘米，高87厘米

所以，明朝后期到清早期使用的降真香更多是海南降香黄檀。清代中期，海南降香黄檀曾经用来修补旧花梨家具，但一直没有被大批应用，主要是因为海南降香黄檀量不足。新中国成立以后一直到20世纪90年代，海南当地好多人仍旧延续祖业以采集降香药材来谋生。

三、黄花梨家具的独特性

黄花梨家具代表明式家具，我们传统上也赋予了它明式家具的主体概念。黄花梨材质与其他材质不同的地方则是其从纹理、底色、韵味上将自然之美完全呈现，除此之外，黄花梨由于木质坚韧细腻、油性大，很容易形成完美的包浆，这也是其他木材所不具备的。

四、黄花梨家具会贬值吗

中国硬木家具在前些年的发展，可以用"飞速"来形容，势如燎原之火随风蔓延，风头之上自然是黄花梨家具。20世纪初黄花梨家具料才几十元一斤，如今发展到上万元一斤，家具废料都上千元一斤，这种势头让小叶紫檀望尘莫及。

近些年，各大拍卖公司春拍黄花梨古家具成交价格总体有一些滑落，让历年来持续上挑的曲线转而下行。很多人不禁开始担心：黄花梨家具的收藏价值是不是开始打折？是不是会随着经济危机的深入而继续贬值？

纵观历史，明代黄花梨家具料到清中期几乎绝迹，后来用海南黄花梨替代；民国时，海南黄花梨匮乏，

黄花梨镶钿小箱　明代

长36厘米，宽20.7厘米，高14.4厘米

　　该镶螺钿小箱以优质黄花梨精作，箱面以梅、兰、竹、菊、桃、牡丹等花卉纹镶嵌成精美图案，四角包裹如意纹铜片，正面贴云头纹面页，两侧设铜拉手，箱内置双层，灵便实用。整体清雅秀丽，工艺精细，器型周正，品相完好。

黄花梨药箱　明代

长34.5厘米，宽22.3厘米，高33厘米

　　此箱箱顶与两侧箱帮用燕尾榫平板结合，箱门为格角榫攒边打槽装木纹华美的独板门心。箱上镶有长方形黄铜合页，面页作长方形，上有曲形吊牌。箱内分三层设抽屉八具，皆安有黄铜面页与拉手。

黄花梨官皮箱　明代

长32.5厘米，宽22厘米，高31.7厘米

黄花梨方材圆角柜　明代

长74厘米，宽45厘米，高123厘米

黄花梨带镜架官皮箱　明代

长32.8厘米，宽24.6厘米，高28.6厘米

　　镜台上层边框内为支架铜镜的背板，可以放平，或支成约为60度的斜面。背板用攒框做成，分界成三层八格。下层正中一格安荷叶式托，可以上下移动，以备支架不同大小铜镜。中间方格安角牙，门成四簇云纹，中心空透，系在镜纽上的丝绦可以从这里垂到背板后面。其余各格装板透雕折枝花卉。装板有相当厚度，使图案显得格外饱满精神。底箱开两门，中设抽屉。

黄花梨字画匣　明代
长23厘米，宽44厘米，高70厘米

黄花梨字画匣　明代
长23厘米，宽45厘米，高70厘米

黄花梨有束腰马蹄足方凳　明代
长51厘米，宽51厘米，高51厘米

黄花梨裹腿罗锅枨套环卡子花大方凳　明代
长64厘米，宽64厘米，高64厘米

黄花梨有束腰马蹄足带套环卡子花桌　明代
长84厘米，宽52厘米，高173厘米

黄花梨四出头官帽椅（一对）　明代
长59厘米，宽48厘米，高113.5厘米

出现老花梨；20世纪末开始，黄花梨转用老挝、越南高山密林中的黄檀属香枝木，这是清末民国运输能力落后留下的"漏"。今天，我们的能力可上九天揽月，可下海底取针，不会再有多少黄花梨能遗落了。从资源匮乏的角度来说，黄花梨家具只会越来越贵，现在黄花梨市场原材价格有增无跌就是很好的说明。

那黄花梨古家具为什么会出现价格滑落？目前，中国90%以上的黄花梨古家具都属于作旧，其中很大一部分已通过专家和权威机构评定得到了合法身份，也就是说，黄花梨古家具的市场充满了欺骗，受骗的正是对黄花梨家具不甚了解的外行藏家，而经济危机波及的对象也恰恰是这些不独立思考，只听专家话买藏品的人。

研究古家具其实就是研究历史，历史的规律如同一张清晰的报表，它会清楚地告诉你黄花梨家具在以后漫长的岁月里是中国文化元素的倡导者。黄花梨家具不仅不会随着经济危机而贬值，反而会是经济危机下出现最频繁的明星。

五、从郑和下西洋谈明代黄花梨家具和产地

从明朝永乐三年（1405）到宣德八年（1433）的近三十年里，郑和率队七次横渡太平洋和印度洋，遍访东南亚、西亚、南亚和东非等地区，同三十个国家和地区进行了广泛的物质及文化交流。这种交流使大量的外国工艺原材料、工艺技术、工艺品和工艺人才输入中国，对明朝各个经济领域产生了巨大的影响。其中从东南亚半岛、印度半岛带回的优质紫檀、黄花梨等木材，为早期明式硬木家具发展奠定了基础。

据文献实物资料看，明式家具产地有广州、苏州、扬州、徽州几个地区，其中苏州为明代家具生产最重要之地。

黄花梨独板云肩平头案　明代
长123厘米，宽55厘米，高85.5厘米

黄花梨束腰罗锅枨方桌　明代
长96厘米，宽96厘米，高87厘米

黄花梨束腰罗锅枨半桌　明代
长85.5厘米，宽43厘米，高84.2厘米

黄花梨嵌瘿木夹头榫平头案　明代
长108厘米，宽46.5厘米，高77.5厘米

黄花梨带托泥翘头案　明代
长142厘米，宽47.5厘米，高84.5厘米

黄花梨明铆束腰罗锅枨内翻马蹄方桌　明代
长94厘米，宽93厘米，高86厘米，

黄花梨冠、袍橱（同称将军橱） 明代
长125厘米，宽53.5厘米，高194.5厘米

黄花梨顶箱柜（一对） 明代
长142厘米，宽60厘米，高267厘米

黄花梨方角四件柜（一对） 明代
高256厘米，宽118厘米，深53厘米

黄花梨方材大圆角柜（一对） 明代
长109厘米，宽54厘米，高197.5厘米

黄花梨圈椅 明代

长59厘米，宽45厘米，高97厘米

　　圈形弯弧扶手下方与椅肩后大边打槽嵌装三弯靠背板，靠背板有圆形寿纹，扶手两端向外翻，与鹅脖交角处嵌有小牙子，软屉座面，现用旧席更替。座面下为券口牙子，腿间安步步高赶脚枨。

黄花梨长方凳　明代
长52厘米，宽38厘米，高50.5厘米

黄花梨嵌瘿木平头案　明代
长83厘米，宽35厘米，高86.5厘米

　　苏州东北不远就是当年郑和船队的港湾太仓，那里不仅是中国明代远洋船队大型船只的生产地，也是中国历史上细木家具著名的出产之地，当地的榉木制家具是明代较早的细木家具，细木家具材质较硬，与后来的硬木家具接近。

　　我们知道，郑和船队用的大舵和桅杆多为铁力硬木，明代的船工早就掌握了硬木的加工技巧，木刨在船板的拼接中已经广泛使用。在当时，中国造船技术属于世界先进的技术，造船不仅需要专业人员，更需要大量的铁匠、木匠等，这些人员闲暇时间用海运回来的硬木制作家具销售，逐渐就形成了硬木家具的产业。明代家具，从主体到修饰均与船业有联系，如铁箍的应用就有相似之处，从家具的线条、结构到雕饰，乃至用漆披麻防水、鱼鳔胶、铁件、藤屉、铜饰等附属，都是造船技术在家具上的应用。

　　苏州水路四通八达，除自然河流水系众多以外、京杭大运河更是便利了南北运输。京杭大运河流经北京市通州区、天津北辰区、武清区，河北省沧州市、山东省德州市、泰安市、聊城市、枣庄市、济宁市、江苏省徐州市、淮安市、宿迁市、苏州市、扬州市、无锡市、浙江省嘉兴市、杭州市。

　　便利的运输、高超的技术使硬木家具迅速流行，明式家具也得到快速的发展。从地理位置上看，苏州距离明都城南京颇近，由于苏州风景幽和，文人墨客、达官贵人最愿意聚集于此，是当时文化交流的重地。在这些人的推动下，明式家具从制作到修饰逐渐成熟，文化的介入使明代家具的结构和修饰更艺术化。

　　成熟的技术在文化、市场双重推动下，代表高端和时尚产品的黄花梨家具迅速普及，从现在流传下来的明代黄花梨家具看，其数量在当时是巨大的。北京的明式黄花梨家具，除明清宫廷作坊在京制造的部分外，大多由南方漕运而来，这一点也能证明明代黄花梨数量的巨大。那这么多黄花梨是从哪里来的呢？那时候的陆地运输如此众多的黄花梨是没有可能的，只能利用当时发达的海运。

　　据《南京静海寺碑》记载："一、永乐三年，将领官军乘驾二千料海船，并八橹船……"那时候一艘船排水量达到1200吨，即便是现在看来，也是相当巨大的，其载运量是多么惊人。木船不同于铁船，出海不能空船，必须压仓才可出行。明代船只出海一般都是用瓷器压仓，回行捎带多是木头，在沉船的发掘中也能证明这

黄花梨六柱龙纹架子床 明代
长218厘米，宽148厘米，高227厘米

黄花梨独板平头案　明代
长156.5厘米，宽43.9厘米，高82.8厘米

黄花梨大圆腿平头条案　明代
长197厘米，宽58厘米，高82厘米

一点。那么，这些船是从哪里拉回来那么多的黄花梨呢？

　　唐陈藏器在《本草拾遗》中说："花榈出安南及海南，用作床几，似紫檀而色赤，性坚好。"据《诸番志》载："麝香木出占城、真腊，树老仆淹没于土而腐。以熟脱者为上。其气依稀似麝，故谓之麝香。若伐生木取之，则气劲儿恶，是为下品。泉人多以为器用，如花梨木之类。"明初王佑增订《格古要论》记载："花梨出南番广东，紫红色，与降真香相似，亦有香，其花有鬼面者可爱，花粗而淡者低。"明人顾芥所著《海槎余录》里提到："花梨木、鸡翅木、土苏木皆产于黎山中，取之必由黎人。"清人李调元的《南越笔记》卷七也记载位于今越南的占城向明廷进贡花梨："占城，本古越裳氏界。洪武二年，其主阿答阿首遣其臣虎都蛮来朝贡，其物有乌木、苏木、花梨木等。"《南越笔记》卷十三又记载："花榈色紫红，微香。其文有若鬼面，亦类狸斑，又名花狸。老者文拳曲，嫩者文直。其节花圆晕如钱，大小相错者佳。《琼州志》云，花梨木产崖州昌化陵水。"康熙时期的广东昌化知县陶元淳于康熙三十三年到琼州昌化县上任后，对于驻守海南岛地区的官丁，到黎族地区征采"花梨"而扰民一事，上书朝廷："崖营兵丁，或奉本官差遣，征收黎粮，贸易货物，一入黎村，辄勒索人夫，肩舆出入。……每岁装运花梨，勒要牛车二三十辆。或遇重冈绝岭，花梨不能运出，则令黎人另采赔补。"从以上可以看出，黄花梨产地为广东、海南岛、越南南部的占城和真腊。

　　从文献记录上看，海南的产量很低，一年20～30牛车还不够郑和宝船一船底，且牛车也拉不了黄花梨大料，回来做大批的家具也不现实。越南真腊和占城等地也是黄花梨的产地，产量应该更大一些。

　　还有没有其他地方也产黄花梨呢？真腊和占城位置代表东南半岛南部，那么东南半岛沿海应该都有。印度半岛也有印度降香黄檀，这个也是上好的药材和黄花梨家具料，后来逐步减少被海南降香黄檀代替，当然还是主要用于药材。

　　由此可见，明朝黄花梨的家具料来源就很多了，南海诸国和印度沿海当时大概都有黄花梨的产地，而不是现在东南亚国家的北部料，这样一来，明代黄花梨家具用料和现在用黄花梨料还是有些地域差异的。在故宫博物院、观复博物馆、上海博物馆能看到各种不同品相的黄花梨就可以解释了，有些老的黄花梨化验后与海南黄花梨不一致也可以理解了。

第五章

黄花梨家具鉴赏

一、黄花梨家具鉴赏

　　黄花梨作为制作家具最为优良的木材，有着非凡的特性。这种特性表现为不易变形、不易开裂、易于雕刻、易于加工、纹理清晰且有香味等，加之工匠们精湛的技艺，黄花梨家具也就成为古典家具中美的典范了。

　　明代，中国家具艺术出现了飞跃式发展，家具的形式与功能日趋完美统一，明代黄花梨家具注重材质、讲究线条、简约大方，把中国家具艺术带入巅峰。而清代康熙、雍正、乾隆三朝，和明代相比，更加注重装饰的作用，又将清式家具推上另一个高点，与明式家具共同构成了中国古典家具的整体风貌。今天人们所说的中国古典家具，实际上指的就是中国明清家具。元代之前的家具多数取材于杂木，易损难存，传世非常少。在造型、工艺、用材上皆达到让今人都难以企及的水准并可传之万代的，应以明代的黄花梨家具为始。

黄花梨半桌　明代

长92.3厘米，宽45.5厘米，高85厘米

　　此半桌桌面格角榫攒边打槽平镶面心板。边抹冰盘沿自中上部向下内缩成凹槽，再向下内缩至底压窄平线。抹头可见明榫。沿边起阳线的壶门牙条浮雕卷草纹，与束腰一木连做，牙条作肩以抱肩榫与腿足结合。腿间安置罗锅枨。方腿内翻马蹄足。制作工艺精湛，包浆色泽如琥珀，保存完好。

黄花梨圆腿刀子牙板平头案 明代

长152厘米，宽56厘米，高83厘米

　　此案四腿八挖，两腿间设横枨既增加了案子的强度，又使侧视的感觉不会过于空旷。案面大边圆角相接攒黄花梨独板，面台制作考究、格调高雅。

黄花梨圆腿平头案 明代

长165厘米，宽49厘米，高80厘米

　　圆腿平头案亦称夹头榫头案，是明式桌案中经典的品种，造型简单，但要制作得精彩而有特点则非常不易，是最能体现制造者艺术素养和基本功的家具。此案造型紧凑，素雅可人，各部分比例恰到好处，空灵俊秀，彰显文人心境。

黄花梨翘头案　明代

长92厘米，宽31厘米，高81厘米

　　方腿上起阳线，腿下直足，足外如意云头纹饰，牙板锼雕卷草纹，古朴典雅，简素相宜，浑然天成，选料考究，具有很高的艺术和审美性，两头挡板透雕菱形纹饰，造型简洁利落，淳朴大气。为翘头案（即条案面两端装有翘起"飞角"的案）。

黄花梨仿竹六仙桌　明代

边长87厘米，高83厘米

　　桌面以格角榫造法攒边，打槽平面镶独扳面心，下装两根穿带出梢支承，另有相交穿带加强承托。抹边立面起双混面。形状相似的牙条与束腰为一木连造，以抱肩榫与劈料腿足结合。牙条与罗锅枨之间栽入四根格肩竹节形矮老。

黄花梨雕龙八仙桌　明代

边长95厘米，高87厘米

　　方桌黄花梨满彻，马蹄腿罗锅枨，台门牙板浮雕灵芝和螭龙纹。桌腿上部和牙板相交处雕云纹包角。这张方桌造型规整，牙板的曲线非常优美，雕饰活泼可爱。

二、天然去雕饰的自然美

王世襄先生在《明式家具珍赏》一书中，把明式家具艺术总结为"十六品"，即：简练、淳朴、厚拙、凝重、雄伟、圆浑、沉穆、秾华、文绮、妍秀、劲挺、柔婉、空灵、玲珑、典雅、清新。

黄花梨木质坚硬致密，木色从浅黄色到紫赤色，色泽清晰、淡雅，纹理自然清晰且富于变化，木材久置还

黄花梨圆脚案 明代

长153厘米，宽47.5厘米，高80厘米

案面长方形板四条攒边合成四条圆形腿，案面下的杖板下有牙板，一腿三牙，前后两腿各以两个圆形杖条加固，除攒边上下有起突外，不另加装饰，整体简洁大方。

黄花梨大画筒 明代

高34厘米，直径44.5厘米

此黄花梨大画筒体型硕大，通体由大材雕琢而成，呈瓜棱状，花形口。全器雕琢精细，黄花梨色泽之雅美与木纹之瑰丽显露无遗，经过岁月的锤炼，包浆温润亮泽，是书房中难得的精品。

黄花梨夹头榫平头案 明代

长84厘米，宽51厘米，高103.5厘米

案面以标准格角榫造法攒边打槽装纳独板面心，下有三根穿带出梢支承，皆出透榫。抹头亦可见明榫。边抹冰盘沿上舒下敛至压窄平线。带侧角的圆材腿足上端打槽嵌装素面耳形牙头，再以双榫纳入案面边框。桌脚间安两根椭圆梯枨。

黄花梨方角柜　明代
长96厘米，宽44厘米，高160厘米

黄花梨大小头双门柜　明代
长78厘米，宽45厘米，高130厘米

黄花梨书柜　明代
长72.5厘米，宽47.5厘米，高101.5厘米

黄花梨格子纹书柜　明代
长97厘米，宽46厘米，高180厘米

黄花梨万历柜　明代
长72厘米，宽41厘米，高133厘米

黄花梨圆角柜　明代
长69厘米，宽40厘米，高105厘米

黄花梨方材圆角柜　明代
长74厘米，宽45厘米，高123厘米

黄花梨无柜膛面条柜　明代
长71厘米，宽39厘米，高109厘米

黄花梨圆角柜　明代
长113厘米，宽51厘米，高197厘米

黄花梨大小头书橱　明代
长72.5厘米，宽40厘米，高120厘米

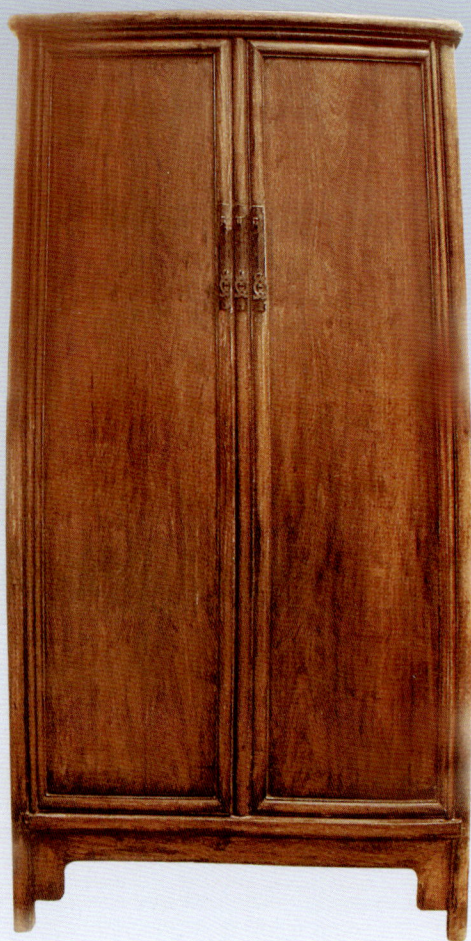

黄花梨圆角柜（一对）　明代
长82厘米，宽38厘米，高160厘米

黄花梨顶箱柜（一对） 明代
长145厘米，宽65厘米，高276厘米

黄花梨高罗锅枨半桌　明代

长96.5厘米，宽50厘米，高80厘米

　　此半桌为黄花梨制，桌面攒框镶板，冰盘沿，刀子牙板，高罗锅枨打洼，大边及抹头明榫构造，直腿稍外撇，整体简洁利落，淳朴劲挺。

黄花梨雕龙纹炕桌　明代

长44.5厘米，宽27.5厘米，高90厘米

　　炕桌应由秦汉时期之食案器演变而来，结构轻便宽矮，多使用于北方地区，是置于床上或炕上的矮形案具，此炕桌独板面心，颇为珍贵，边沿起拦水线，饼盘沿下带束腰，台门牙板浮雕双螭龙蔓薹纹饰，线饰艳丽，飘然随意，炕桌硬肩直落，三弯腿外撇，饱满有力。

黄花梨外圆内方八仙桌　明代

边长104厘米，高85厘米

　　这件八仙桌整体造型规整大方，色泽古雅沉静，包浆自然细润，线条简约流畅，挺而不僵，有君子方正而沉稳之气，乃清代方桌的典型代表。

会散发出淡淡的香气，黄花梨木在明代已经广泛应用于较为考究的家具制作。

　　明代黄花梨家具给人简洁、雅致的感觉，在制作过程中，工匠一般采用光素首发，即不加雕饰或略作修饰，利用和发挥木材本身的特点，突出黄花梨木色泽、纹理的自然美。黄花梨家具的表面一般不刮腻子、不上漆，做成的小型器件或家具上，经过细致的打磨上蜡，散发出圆润、清晰的光泽，追求"干磨硬亮"的天然效果，给人自然而华贵的美感。

　　明式黄花梨家具的制作，并不是全部不加修饰，也会运用镂、雕、描、嵌等多种多样的装饰手法，以及螺钿、珐琅、牙、竹、玉石等装饰用材。但在使用上不堆砌、不贪多、不刻意雕琢，而是根据整体要求，作恰如其分的局部装饰。

黄花梨楠木面芯板圆角柜　明代

长70厘米，宽45厘米，高116厘米

　　此件圆角柜通体光素，柜顶喷出，有栓杆，门板用楠木对开而成，门木轴，原皮壳包浆，原配铜活，数百年未曾修理，十分难得。

黄花梨刀子牙板平头案　明代

长107厘米，宽49.5厘米，高75.5厘米

　　攒边框镶板心桌面光素，冰盘沿下接牙板，牙板刀子型与腿相交，两腿间置二横枨，起加固桌身作用，直腿圆足，制作工艺简练，线条流畅，打磨细致，包浆油亮，时代久远，是一件不可多得之精品。

黄花梨云头牙板香案　明代

长102厘米，宽40厘米，高80厘米

　　黄花梨木制，通体光素无纹饰，牙条与腿为夹头榫结构，牙头镂出云头形，四腿外面做出素混面，两侧腿间装双横枨，圆柱形直腿。造型简练，纹质清晰自然，尽展黄花梨木质纹理的典雅华丽。

黄花梨宝顶官皮箱　明代

边长33厘米，高24厘米

　　箱体品四方形，箱盖抛顶，顶盖内有镜座，内分抽屉制作，四角包铜，面镶如意。材质纹理流畅舒展，古色古香，实为不可多得的家具精品。

黄花梨四出头高靠背官帽椅　明代

长59厘米，宽45厘米，高112厘米

黄花梨矮靠背南官帽椅　明代

长65厘米，宽42厘米，高95厘米

黄花梨亮格书柜　明代

长79厘米，宽43厘米，高182厘米

　　柜体四平式，上格下柜。中间有两个抽屉，亮格作双层，四面敞开。侧面方孔用钱纹攒门成栏中间两抽屉镶铜拉手，柜门加栓杆，平池对开，方形铜合页。

三、含蓄内敛的君子风范

黄花梨木具有温润如玉的质感、温和内敛的色泽、行云流水般的纹理、淡雅的香气，不重外在装饰、雕琢，而讲究内涵的自然表露，在展示高雅、华贵的同时，又传递了温文尔雅的品行。

明末清初是黄花梨家具制作的鼎盛时期，此时期的黄花梨家具品种多且存世量大。如以苏式黄花梨为代表的苏式家具，当时居住在苏州的文人纷纷参与家具和造园艺术的设计制作，与民间的能工巧匠一起，钻研、总结黄花梨的木质、色泽、纹理等特性，将审美与工艺相结合，形成了明代家具"雅致"的品行。

黄花梨云头牙板平头案　明代
长216.5厘米，宽45厘米，高78.5厘米

画案的面窄边宽，回角浑圆，边抹作饼盘沿压线脚。牙板的边廓起阳线牙头镂空，作对望卷云状。圆柱形直腿。腿间另装有素浑面双直枨，此案沉稳内敛，极具文气，四条腿犹如柱石。

黄花梨盖牙方形座　明代
边长31厘米，高15厘米

用珍贵的黄花梨材制成，台面倭角四方，束腰，镂空抛牙板，四条香蕉腿，下承托泥，材质珍贵，做工精良，造型别致，品相完好，值得珍藏。

黄花梨书匣　明末清初

长11厘米，宽39厘米，高21.5厘米

　　此件书箱以黄花梨为材，周身髹漆，久经辗转，满富浓郁的历史气息。其铜件皆是工艺考究的卧槽平镶，盖顶四角饰以云纹包角，正面方形面页，拍子作云头形，开口容纳纽头，侧面施以方形提环。

黄花梨两撞提盒　明末清初

长22.5厘米，宽34.5厘米，高19厘米

　　此件提盒两撞，连同盒盖共三层，用长方框造成底座，两侧端设立柱，有站牙抵夹，上安横梁。每层沿口皆起灯草线，意在加厚子口。

黄花梨绿端石面案屏　明末清初

长48厘米，宽32.5厘米，高58.5厘米

　　此案屏以黄花梨攒框嵌绿端石为屏芯，底座雕以抱鼓作墩，两侧则雕镂优雅的站牙，石板纹饰若有万千气象，虚实有无，气韵皆足。立柱间安以横枨，再以短柱分隔，嵌以海棠形开光绦环板。下端横枨接壶门式披水牙子，边缘起线。文房案屏存世量少，而案屏形制光素简练，造型典雅，置于书房案头，或有坐观清雅之致。

黄花梨笔筒　明末清初

高17厘米，直径18厘米

　　此笔筒取黄花梨材质，口沿与圈足上下呼应，上端口沿宽皮条线，规整有力，下端阳线旋纹。整器流畅柔美，温婉简约，包浆丰厚，以精致的黄花梨木质纹理取胜。

黄花梨小方盒　明末清初

长12.2厘米，宽11厘米，高7.5厘米

　　小方形盒以精选的黄花梨为材，盒盖微拱起，边缘起阳线。内置可移动的托盘。盒盖与盒身相交处起灯草线，起装饰作用，又能通过扩大接触表面积提高盒子的耐久性。整体造型简洁大方，包浆莹润，工艺讲究。

黄花梨帖架　明末清初

长47厘米，宽42.6厘米，高37.2厘米

　　此帖架以黄花梨为材，制作简洁大方，榫卯结合牢固，设计简洁明快，彰显其材美物精之性。古人临帖练字时将帖架支起，所临之帖置于其上，不用时可将其折好收放，可见帖架是一种实用性强、设计巧妙的文房用具。

黄花梨龙凤纹上格券口带栏杆亮格柜　明末清初

长100厘米，宽63厘米，高192厘米

　　亮格柜上部三面敞空，装双面雕镂空螭龙纹券口和栏杆，正面栏杆装小立柱两根，柱头圆雕狮子，神态可掬，令人称奇。亮格后背板铲地高浮雕龙凤和花卉纹饰，图案构思巧妙，雕工精美绝伦，堪称典范。此柜亮格券口和背板与柜体"扇活"相连，只要把柜顶向上锤松，即可将三面券口和背板取下。双扇柜门为一木对开，有闩杆，与柜体用白铜件相铰接，铜件采用考究的"平卧"式安装，所有铜件均为原配，十分难得。

四、比例合适、严谨简练的造型

严格的比例关系是家具造型的基础。明式家具的造型以及各部比例尺寸，基本与人体各部位的结构特征相适应，造型比例协调、合理，符合人体工程学要求，使用起来非常舒适。其各个部件的线条，均呈挺拔秀丽之势。刚柔相济，线条挺而不僵，柔而不弱，质朴、简练、典雅、大方。

总体结构上采用具有科学性、工艺性、装饰性的榫卯结构进行连接，框架结构非常严谨，分析起来每个部件都有一定的意义，没有多余的部件，整体轮廓简练、舒展，给人文雅、质朴之感。

结构部件综合运用束腰、马蹄、托泥、矮老、牙板、霸王枨、罗锅枨、三弯腿等，形成了黄花梨家具的造型特色。

造型方面具有线脚与块面相结合的特点。线脚造型的装饰手法早在宋代就已出现，但真正将其发挥到极致的是明代家具制作工艺。明代家具具有洗练、简洁的装饰风格，外观清新纯朴、稳重大方。

五、超凡脱俗的木性

黄花梨的木质十分稳定，内应力小，俗称"性小"，即遇冷遇热，遇湿遇干，抽胀不大，变形率低。可制作多种精细家具的结构部件，如家具结构部件中的三弯腿，细而弯，非常精巧纤细，这是除了黄花梨家具外的硬木家具中很少见的。

此外，黄花梨具有很强的木性，能承受细致入微的雕刻。工匠在进行木材加工时，使用刨刃很薄的刨刀，可使黄花梨木出现类似弹簧一样长长的刨花。

在没有外力破坏的情况下，黄花梨木制成的家具很少出现干裂现象，这也是在明式案几中常用整块素面木材的原因。

黄花梨有束腰马蹄腿霸王枨嵌瘿木面小画桌　明晚期
长97.5厘米，宽77.5厘米，高51厘米

黄花梨有束腰马蹄腿霸王枨长桌　明晚期
长78厘米，宽33.5厘米，高76厘米

黄花梨四出头官帽椅（一对） 明末清初

长95厘米，宽52.5厘米，高45.5厘米

此件黄花梨官帽椅搭脑和扶手都是直的，两端出头，宽厚光素的三弯靠背板嵌入搭脑与椅盘之间。腿足为一木连做，扶手下鹅脖伸展成为腿足亦是一木连做。椅盘格角攒边置软屉，座面下安素面洼膛肚券口牙子，沿边起阳线。腿足间置步步高赶枨，枨下置素牙板。

黄花梨有束腰套环卡子花条案 明晚期

长173厘米，宽52厘米，高84厘米

黄花梨圈椅　明晚期
长60厘米，宽46厘米，高98.5厘米

黄花梨灯挂椅　明晚期
长50厘米，宽40.5厘米，高93.5厘米

黄花梨嵌大理石面插屏　明晚期
宽46厘米，深27.5厘米，高63.5厘米

黄花梨框嵌绿石插屏　明晚期
宽28.4厘米，高36厘米

黄花梨黑漆圈椅　明晚期
宽60厘米，深47厘米，高101厘米

黄花梨小香盒　明晚期
长10厘米，宽4厘米

黄花梨大衣箱　明晚期
长49厘米，宽36厘米，高29厘米

黄花梨有束腰马蹄腿攒万字纹罗汉床　明晚期
长199厘米，宽102厘米，高72厘米

黄花梨雕犀牛望月方盒　明末清初
长20厘米，宽10 5厘米，高6厘米

黄花梨书匣　明末清初
长39厘米，宽21.5厘米，高11厘米

黄花梨滚脚凳 明末清初
长77厘米，宽38厘米，高20.5厘米

黄花梨南官帽椅（一对） 明末清初
宽61厘米，深48厘米，高114厘米

黄花梨方角柜　明末清初

长75厘米，宽36厘米，高95厘米

黄花梨玫瑰椅 明末清初
长56.8厘米，宽43.4厘米，高84.3厘米

黄花梨直后背雕鹰石图交椅 明末清初
宽56厘米，深35厘米，高91.5厘米

黄花梨螭龙纹圈椅（一对） 明末清初
宽59厘米，深45.5厘米，高98厘米

黄花梨起线笔筒　明末清初
高15厘米，直径15厘米

黄花梨笔筒　明末清初
高19.2厘米，直径23厘米

黄花梨独板卷草纹翘头案　明末清初
长209厘米，宽42.5厘米，高97厘米

黄花梨卡子花栏杆架格　明末清初
长84.5厘米，宽4长厘米，高171厘米

黄花梨画案 明末清初
长197厘米，宽56.5厘米，高81厘米

黄花梨圆腿云头牙板直枨带屉小案 明末清初
长75厘米，宽75.5厘米，高32厘米

此件小案面攒框装板芯，两侧出透榫，冰盘沿至底压线。牙条以夹头榫与腿足相接，牙头铲成卷云状，颇显温婉秀气。四腿直落带收分，在案面下约30厘米的部位，圆腿之间加直枨，枨子裹口打槽装屉板，形成平头案的隔层，可以承置炉器香料之物。

黄花梨长方凳（一对） 明末清初
边长46厘米，进深46厘米，高51.6厘米

黄花梨大方盒　明末清初
边长37厘米，高14厘米

黄花梨四出头官帽椅（一对）　明末清初
宽52.5厘米，深45.5厘米，高95厘米

黄花梨云纹圈椅（一对）　明末清初

宽97.5厘米，深60厘米，高47.8厘米

　　椅选用黄花梨木制，整体素雅。椅背形状如圈，扶手出头，与鹅脖间打槽嵌入卷云角牙。靠背一气呵成，上部开光平地浮雕云纹头。硬屉座面，下无束腰，直腿外圆内方，侧脚收分明显。腿间设起阳线的卷口牙子，下有赶脚枨，为典型的明式做法。

黄花梨云纹圈椅（一对）　明末清初

宽65厘米，深60厘米，高98.5厘米

　　椅圈扶手五接，各衔接处平嵌黄铜纹饰，两端出头，回转收尾圆转流畅。靠背板中央雕如意云纹头。背板上端施以花牙，后腿上截出榫纳入圈形弯弧扶手，穿过椅盘成为腿足。扶手与鹅脖间嵌入小角牙。座面藤面，下安雕饰卷草纹的洼膛肚券口牙子，前腿施脚踏枨，左右两侧与后方则安方材混面步步高赶脚枨。

黄花梨嵌百宝花鸟纹方角柜　明末清初
长82.5厘米，宽50.5厘米，高130厘米

黄花梨高足方角柜 明末清初
长111厘米，宽43厘米，高180厘米

黄花梨四出头官帽椅　明末清初
宽60厘米，深64厘米，高103厘米

黄花梨嵌瘿木夹头榫酒桌　明末清初
长95厘米，宽38.5厘米，高74.5厘米

黄花梨有束腰马蹄腿罗锅枨条桌　明末清初
长111.5厘米，宽54.5厘米，高88厘米

黄花梨仙鹤纹圈椅　明末清初
宽59.2厘米，深45.7厘米，高94.5厘米

黄花梨圆角柜　明末清初
长95.5厘米，宽53厘米，高189.2厘米

黄花梨无闩杆圆角柜　明末清初
长94厘米，宽51厘米，高191厘米

黄花梨独板小翘头炕案　明末清初
长97.1厘米，宽25厘米，高44厘米

黄花梨独板螭龙纹翘头案　明末清初
长231厘米，宽51厘米，高84厘米

黄花梨顶箱柜 明末清初
长47.8厘米，宽25.2厘米，高95厘米

黄花梨大方角柜　明末清初

长111厘米，宽55厘米，高199厘米

黄花梨大官皮箱　明末清初

长37厘米，宽28.5厘米，高40厘米

　　此件官皮箱门板木纹美观，边角皆施以铜条包角，云头形拍子开口容纳纽头，门上饰圆形面页及吊牌，两侧装有弧形提环，设抽屉四具，面页、吊牌保存完好。此官皮箱形制规整，造型简练不加雕饰，结体严谨、精研厚重。此官皮箱体形硕大，门芯板一木对剖，似孤峰独立，与文人审美情趣相近。

黄花梨大漆面方形炕几　清早期
长85厘米，宽85厘米，高42.5厘米

黄花梨有束腰罗锅枨马蹄腿方桌　清早期
高85.5厘米，边长97厘米

　　此桌通体由黄花梨制，采用典型明式家具结构，周身光素，以严谨的榫卯细节、简练的造型取胜，色泽沉稳，包浆温润。案面以格角榫攒边镶面芯板，冰盘沿打洼出透榫，束腰与牙板连做，沿边起阳线，顺足而下，方材腿足间置罗锅枨，内翻马蹄足。造型规矩而雅致。

下卷

黄花梨家具收藏与鉴赏

Huang Hua Li Jia Ju Shou Cang Yu Jian Shang

关毅 · 著

中国书店

第六章

家具的辨伪高招

一、掌握家具的制作方法

用手工的方式制作家具，尤为重要的是做工和技艺。家具制造，在继承明清时期以来优质硬木家具的传统技艺基础上，随着时间的逐步推移，在工艺水平方面也有了不断提高，尤其是有不少优秀产品，工艺科学合理，做工精益求精。

1.木材干燥工艺

家具制造通常由用材的性质直接决定。花梨木、红木等木材与黄花梨、紫檀在木材质地方面存在着一定程度的差别，所以说，用材的加工处理当然就成了决定家具质量好坏的先决条件。有很多木材常含油质，加工成家具的部件就很容易出现"走性"现象，就算是在白坯工序完成后，也还会对髹饰造成一定的影响。在长时间

黄花梨大官皮箱　明末清初
长40.7厘米，宽30.7厘米，高38.8厘米

黄花梨嵌瘿木无束腰马蹄腿霸王枨条桌　明末清初
长117.7厘米，宽52厘米，高79.5厘米

黄花梨方桌　明末清初
长92厘米，宽92厘米，高82.5厘米

黄花梨独板有束腰书桌　明末清初
长114厘米，宽59.5厘米，高85.5厘米

黄花梨圆角柜 明末清初
长95.5厘米，宽53厘米，高189.2厘米

黄花梨四面平方角柜　明末清初
长102厘米，宽57.5厘米，高193厘米

的生产实践中，民间匠师们摸索出不少木材材质的处理方法，有很多经验是行之有效的。旧时，通常先把原木沉入水质清澈的水池中或者河中，浸泡数月甚至更长的时间后，等木材所含的油质慢慢地渗泄，之后再把浸泡过的原木拉上岸，待原木稍微干燥以后就将其锯成板材，然后放置于阴凉通风之处，任其渐渐地自然干燥。只有到了这个时候可才用其来配料制造家具。

像这种硬木用材的传统处理法，周期较长，如今已很少采用了，但是经过这样干燥处理后的木材，很少再有"反性"现象出现，其"伏性"强。用作镶平面的板材，不光需要注意木材纹理丝缕的选择，还需要经

黄花梨螭龙纹方炕桌　明末清初
长72.5厘米，宽72.5厘米，高30厘米

黄花梨玫瑰椅（一对）　明末清初
长89厘米，宽43厘米，高58厘米
　　靠背板搭脑及扶手，采用挖烟袋锅式榫卯连接。靠背中部透雕变体寿字，两角装回纹券口牙角。扶手中间透雕变体福字，席心座面的左、右、后边皆装矮老，座面下三面饰卡子花。步步高枨下，三面皆有券口牙子。

黄花梨四出头官帽椅　明末清初

长60厘米，宽45厘米，高102厘米

　　椅搭脑，两端出头，宽厚的三弯靠背板弯弧有力，嵌入搭脑与椅盘之间。后腿上截出榫纳入搭脑，前鹅脖与腿足亦是相似做法，皆是一木连做。扶手呈三弯弧形，圆材弯弧联帮棍安在扶手正中，下端与椅盘相接。椅盘格角攒边置软屉，座面下置壶门式券口牙子，券口牙子直延伸至踏脚枨，侧面装光素的"洼膛肚"券口牙子，同样做起线处理。椅腿之间装"步步高"管脚枨，出明榫，正面及两侧枨下又置光素牙板。在古时众多的家具中，官帽椅以高大、简约、线条流畅而著称。虽然它的椅面、腿等下部结构都是以直线为主，但是上部椅背、搭脑、扶手乃至竖枨、鹅脖都充满了灵动的气息。

过一两年的自然干燥时间。民国时，有些硬木家具的面板开始采取一种"水沟槽"做法，也就是在面板入槽的四周与边抹相拼接的地方将一圈凹槽留出来的方法，这样就可以有效地避免面板因胀缩而出现开榫或者破裂的情况。

2.家具制造的打样

制造每件家具之前，总得要先配料划线。划线，其实也可称为"划样"。旧时，人们手里根本就没有设计

黄花梨大方盒　明末清初
长14厘米，宽37厘米，高37厘米

黄花梨方盒，木材花纹美观，子母口，周身光素，不做任何雕饰，四角皆卧槽平镶铜条包角，既起到装饰作用，又衬托出黄花梨材质的雍容美观，还起到防止边缘磨损的作用。盒身包浆浓郁，保存完好。

黄花梨圆裹腿带卡子花杌凳（一对）　明末清初
宽50.3厘米，深46.7厘米，高49厘米

黄花梨南官帽椅　明末清初
宽61厘米，进深47厘米，高123.2厘米

图纸，式样是通过师徒一代代地相传、口授身教流传下来，每种产品的尺寸、用料、工时、工价，都得牢记于心。对于设计家具的新款式，主要凭借匠师中的"创样"高手来完成，江南民间称这类高手为"打样师傅"。他们在长时间的实践中，以丰富的经验，设计创新，举一反三。旧时的大户人家要制作硬木家具，常邀请能工巧匠来自己的家里"做活"。时间少则数个月，多则一两年。工匠们按照用户所要求的从开料做起，直至整堂成套家具彻底完工。所以在民间，也就有了"三分匠，七分主"之说法，就是说工匠的设计或者打样通常是按照主人的要求来实施的，甚至在有的时候，主人会直接参与设计工作。所以，流传到现在的家具传统式样，有很多是在传统基础上集体创作而成。

3.精湛卓越的木工工艺

到了制造硬木家具的年代，优良传统的木工加工手艺已是登峰造极。在木工行业中，流传着这样一条规矩，即"工木不离分"，也就是说，木工技艺水平的高低，往往是分毫之差。不管是榫卯的厚薄、松紧，兜料的裁割、拼缝，还是用料的尺度、粗细，线脚的曲直、方圆，均为直接体现木工手艺的关键之处，也是决定家具质量高低的主要因素。所以，木工工艺要求做到料份和线脚都得"一丝不差"，因为不管是"出一线"，还是"进一线"，均会导致视觉效果的差异性；兜接和榫卯都得实现"一拍即合"，因为稍有出入或者歪斜，就会影响到家具的质量。在苏州地区木工行业中，直到今天还流传着"调五门"的故事。传说，以前有一位手艺特别出众的木工匠师，一天，他被一家庭院的主人请去制作一堂五具的梅花形桌和凳。这位木工匠师按照主人的设计要求制成家具以后，为了将自己手艺的高明之处体现出来，让主人更加放心和满意，就撒了一把石灰在地上，然后将梅花凳放在上面，顿时压出来五个凳足的脚印。然后，他按照这五个脚印的位置，一个个地进行凳足调换。四次转动，每一次这五个凳脚均正好落于之前印出的灰迹中，没有丝毫的偏差，这家庭院的主人看后连连称赞。

（1）工艺与构造的设计

在木工手艺中，有不少的工艺和结构的加工都需要匠心独运的构思，特别是不同种类的榫卯工艺，既要做到熟能生巧、灵活运用，当然还要做到构造合理。家具中往往会利用榫卯的构造来使薄板或者一些构件的应变能力得以增强，从而防止出现横向丝缕易断裂、易豁开等现象。对于部分家具的镂空插角，木工匠师们融会贯通了45度攒边接合之法，把两块薄板各起槽口，出榫舌后再进行拼合。这样一来，不仅有效地防止了用一块薄板时插角因镂空而易折断的危险发生，而且还提供了插角两直角边均能够挖制榫眼的条件，只要将桩头插入，就可以完美地与横竖材接合起来。

黄花梨玫瑰椅〔一对〕　明末清初
宽60厘米，深49厘米，高87厘米

黄花梨夹头榫独板翘头案（一对）　明末清初

长148厘米，宽34厘米，高85厘米

　　全器原皮壳包浆，造型流畅，比例协调；窄而长的牙板给此案增加了几许冷峻的美感。其案面的厚度、牙板的宽度与之腿足直径的比例已达到"增一分太肥，减一分太瘦"的最佳化境。

因清式家具造型与明式家具造型存在着差异，家具形体构造通常会有不同的变化。所以，在家具的制造工艺方面已经形成了不少新法，比如太师椅等有束腰扶手椅越来越多，一木连做的椅腿和坐盘的接合工艺已经变得十分复杂，当然也有着更高的工艺要求。这类椅子的成型做法，必须一丝不苟、按部就班，大体有四步：第一步，先将前后脚与牙条、束腰的连接部分各组合成两边的框架，但需要注意的是，牙条两端起扎榫、束腰是落槽部分，这样做是为了使接合后的牢度加强；第二步，把椅盘后框料与牙条、束腰与椅盘前牙条、束腰同步地接合，且接合至两边的腿足，合拢后形成一个框体；第三步，先连接接合椅盘前框料与椅面板、托档，再和椅盘后框料入榫落槽，摆至前脚、牙条上，对入桩头以后一定要拍平，接着是，面框的左右框料从前后与两侧框料入榫合拢，其中，后框档做出榫，而前框料为半榫；第四步，将背板、搭脑和两边的扶手安装起来。

（2）科学合理的榫卯结构

工艺合理精巧，榫卯制作是制造家具最为关键的方面。在长时间的实践以后，后期家具中榫卯的基本构造，在一些实际做法上已经和明式家具榫卯稍微存有了差异。比如，丁字形接合时的"大进小出"。具体说来就是，开榫的时候将横档端头的二分之一做成暗榫，将另外的二分之一做成出榫，与此同时，将柱料凿出相对应的卯眼，这样做是为了便于柱侧另设横档做榫卯时可以完成互镶。通常情况下，后期家具已不再采用该方法，往往是一面做暗榫，一面做出榫。又如棕角榫的运用，根据情况的不同做出不同的变化后，与形体结构和审美的要求更加符合。但在一种橱顶上，棕角榫的变体做法又很明显，为和顶前出现束腰的形式相适应，在顶前部制作凹进裁口形状，贴接收缩的颈线和抛出的顶线，使效果呈现出特殊性。该种类型构造内部结构，尽管依然采取了棕角榫的做法和原理，但在外表方面已不再呈现棕角形。还有就是，如传统硬木家具典型的格肩榫，通常情况下，硬木家具是不做小格肩的。大格肩的做法，往往会采用虚肩与实肩相结合的做法，也就是说，把横料实肩的格肩部分锯掉一个斜面，而相反的竖材上就会呈现出一个斜形夹皮。这种造法既因开口加大了胶着面，又不会因为让出夹皮的位置而剔除掉太多，且加工起来十分方便。江南的木工匠师们将该种格肩榫称作"飘肩"。

在分类上，家具常用的榫卯可以分几十种，大致可归纳为格角榫、插肩榫、楔钉榫、裁榫、出榫（通榫、透榫）、燕尾榫、走马榫、长短榫、来去榫、托角榫、棕角榫、抱肩榫、套榫、扎榫、勾挂榫、穿带榫、夹头榫、银锭榫和边搭榫等，通过合理的选择，凭借着不同种类的榫卯，可将家具的各种部件作横竖材接合、直材接合、平板拼合、板材拼合、交叉接合和弧形材接合等。按照部位和功能要求的不同，在做法上也各有不同，但变化中又有可循的规律。自清代中期后，不同地区往往会有一些不同的巧妙之处和不同的方法，比如，抱肩榫的变化、插肩榫和夹头榫的变体等。

有的人会觉得，精巧的榫卯是用刨子来加工进而实现的，事实上，除槽口榫使用专门的刨子外，别的也都凭借凿和锯来加工进而实现。根据榫眼的宽狭，凿子分好几种规格，匠师们可以选择使用。榫卯一般不求光洁，只需平整就可以了，榫与卯要做到"不紧不松"才可以。其实，松与紧的关键之处还在于长度要恰到好处。我国传统硬木家具运用榫卯工艺的成就，即为用榫卯替代了铁钉和胶合。与铁钉和胶合来比较，榫卯结构则牢固坚实很多，还可以按照不同的需要对部件进行调换，不仅可以拆架，还可以装配，特别是将木材的截面都利用榫卯接合而使其不外露，将材质纹理的整齐完美和协调统一都保持住。因此说，清料加工的家具才可以达到出类拔萃的水平。我国传统家具经过几千年的发展，到明朝时期，就具有了将硬木家具的装饰、制造和材料集于一身、融于一体的物质驾驭能力。毫无疑问这对全人类的物质文明做出了十分巨大的贡献。

（3）木工水平的鉴别

要对一件家具木工手艺的水平进行全面的检查，各个方面都有很多丰富经验，"摸、看、听"即为常用的方法。其中，摸，是凭手感触摸是不是舒适、顺滑、光洁；看，是看家具的选料是不是纹理一致，是不是

黄花梨百宝嵌盒　清早期
长25厘米，宽15厘米，高9厘米

黄花梨理石面香几　清早期
长33厘米，高13厘米

　　此香几为黄花梨质地，采用了较多的装饰手法，几面嵌大理石，有束腰，束腰镂空雕花，四面牙板雕花，宽牙条，膨牙拱肩三弯腿，外翻马蹄，下踩托泥。木质纹理优美，工艺考究。

黄花梨素面大笔筒　清早期
高20厘米，直径24厘米

黄花梨贴架　清早期
长36厘米，宽33.5厘米

黄花梨瘿木面无束腰刀牙板直根圆腿小香案　清早期
长80厘米，宽56.5厘米，高74.5厘米

黄花梨有束腰罗锅枨展腿方桌　清早期
边长87厘米，高86厘米

黄花梨画箱　清早期
长86厘米，宽48厘米，高38厘米
此画箱以黄花梨制就，形制硕大。全身光素，黄花梨色泽温润，纹理似晕染之感，正面方面页，拍子云头形，两侧面安提环。

黄花梨拐子纹方角柜　清早期
长85.5厘米，宽45.5厘米，高174.5厘米

黄花梨笔筒　清早期
高18厘米，直径18厘米

黄花梨泥鳅背三足笔筒　清早期
高15.5厘米，直径15厘米

黄花梨围棋罐（一对）　清早期
高8.5厘米，直径11.5厘米

做到了木色，看线脚是否清晰、流畅，看从外表至内堂是不是同样认真，看结构榫缝是不是紧密，看平面是不是带有水波纹等；听，是用手指对各个部位的木板装配进行敲打，根据所发出的声响就能够对其接合的虚实度进行正确的判断。家具历来注重这种被人们叫作"白坯"的木工手艺，要知道一件十分出众的家具，往往不上蜡、不上漆，就已经达到了至高无上的水平。

（4）传统的木工工具

工欲善其事，必先利其器。木工技艺的精巧卓越，当然离不开得心应手的工具。家具制作时所用的木工工具主要有凿、锉、锯和刨。因为硬木具有坚硬的木质，所以刨子所选的材质，以及刨铁在刨腔内安放的角度，都特别讲究。

由明代宋应星所编著的《天工开物》当中，就记载了一种被人们叫做"蜈蚣刨"的工具，一直到今天，它依然是木工工艺中无法缺少的一种专用工具，在制法方面和旧时的制法是相同的，"一木之上，衔十余小刀，如蜈蚣之足"。如今的民间匠师们将它称为"铧"。在使用它的时候，应该一手握柄，一手捉住刨头，然后使劲地往前推，这样就能够获得"刮木使之极光"的良好效果。

在木锉中，有一种工具被人们称为"蚂蚁锉"，木工们往往用它作为局部接口和小料的加工处理工具，也是一种被用来作为"理线"的有效专用工具。有的人觉得圆、曲、凹、凸、斜、直的各种线脚都是凭借专用的线刨刨制出来的，实际上，有不少线脚的造型都无法离开这样的一把小蚂蚁锉，可以说，蚂蚁锉在技师手中的功能简直达到了出神入化的地步。

4.揩漆工艺

在南方，传统家具均需要做揩漆，不上蜡。所以除了需要技艺好的木工匠师以外，还需要有技艺好的漆工做手。漆工加工的工序和漆工加工的方法尽管在各个地方都存在差异，但是制作的基本要求大体是一样的。揩漆属传统的手工艺，主要原料是生漆。生漆加工可以说是关键性的首道工艺，所以揩漆一定得懂漆才行。由于生漆来货均为毛货，所以需要通过试小

黄花梨上格券口亮格柜　清早期

长106厘米，宽55.8厘米，高190.5厘米

样挑选，合理地进行配方，细致地进行加工、过滤以后，再经一些工艺流程，比如晒、露、烘和焙等，才可以升为合格的用漆。有不少的方法是秘不外传的，通常由专业漆作的掌漆师傅将成品配制出来且出售，以供给那些漆家具的工匠进行选择和购买。

揩漆的一般工艺过程应先开始于打底，打底也可以叫作"做底子"。打底的第一步又可以称为"打漆胚"，然后再用砂纸将棱角磨掉。在从前没有砂纸的时候，则用面砖水磨的传统做法。接下来的第二步便是刮面漆，嵌平洼缝，刮直丝缕。再接下来就是第三步了，也就是磨砂皮。这一步完成以后便进入了第二道工序。其实，该道工序应开始于着色，由于家具各部件的木色往往是无法做到完全一致的，这就需要采取着色的方法进行加工处理；当然了，按照用户的喜好，能够在色相上或者明度上稍加变化，从而将家具的不同色泽效果表现出来。

清中期后，因宫廷及显贵的爱好，最为名贵的家具首先就是紫檀木家具，其次是红木家具。紫檀木色深沉，所以就有不少的红木家具为追求紫檀木的色彩，在着色的时候就采取深色。配色的时候采取颜料或者用苏木浸水进行煎熬。有些家具由于色泽一致、选材优良，所以在揩漆之前不需要着色，即人们常说的"清水货"。

接下来，就可以做第一次揩漆了，再复面漆，然后溜砂皮。同样按照需要还可以进行第二次着色，或直接揩第二次漆。接着便可进入推砂叶的工序了。砂叶是砂树上长出来的叶子，反面毛糙，用水浸湿后可用来对家具表面进行打磨，这样可以使家具表面极具光泽且极其润滑。接着还得连续揩第三次漆，人们称其为"上光"。通常，经过上光处理后的家具滋润平滑、明莹光亮，质感耐人寻味，手感舒适柔顺。在此期间，家具要多次送入荫房，因为漆膜在一定的温度、湿度下才可以干透、光泽度良好。由于北方的天气寒冷干燥，所以不宜做揩漆，大部分采取烫蜡的方法。

如今的硬木家具揩漆大部分采用"腰果漆"。"腰果漆"还有一个名字叫"阳江漆"，属于天然树脂型油基漆。用腰果壳液作为主要的原料，和有机化合物比如甲醛、苯酚等一起，经缩聚以后，再用溶剂将其调配成如同天然大漆一般的新漆种。

二、家具的作伪形式

若经营得当，老家具业所能获得的利润是非常丰厚的。所以说，在经济利益的驱使下，家具的作伪手法愈加高明，不少赝品频频应市。不得不说，老家具的作伪已成了每一位家具爱好者、家具研究者和家具收藏者所要面临的问题。

1.以次充好

"以次充好"的家具作伪现象主要表现在家具的材质上。明清家具材质主要以铁梨木、乌木、花梨木、酸枝木、紫檀木、黄花梨木和鸡翅木制作而成。现在，有很多的家具收藏爱好者普遍缺乏对不同种类高档木材的了解，而投机者就恰好在这一点上窥到了机会，将较次木材染色处理，来冒充好的木材。例如，以黑酸枝来假冒紫檀，以白酸枝或越南花梨冒充黄花梨木，或者把普通的黄花梨木染色以后来假冒紫檀。还有红酸枝木，如果在木质方面不逊色于紫檀，就会有人将缅红漆、波罗格和缅甸木等木材说成是红酸枝木。以次充好的实际原因当然是为了捞取钱财，因为这些木材的价位依其材质差异悬殊甚大，譬如，越南花梨和黄花梨这两者在价位方面就差10倍到15倍之多。如今，随着材料越来越短缺，不同种类的木材价格还在不断地上涨，所以密切地了解材质行情，对于家具价值的判断非常关键。一般情况下，酸枝木、紫檀和黄花梨的纹理都很细密、清晰，凡是遇到纹理粗糙的或者纹理模糊不清的，都必须谨慎对待。

2.常见品改罕见品

之所以要将一般的家具品种改成罕见品种的家具，是由于"罕见"是家具价值的一种主要体现。所以，有很多家具商将不太值钱且传世较多的小方桌、半桌和大方桌等，改成比较罕见的围棋桌、抽屉桌和条桌。投机者对家具的改制手法多样、因器而异，若研究得不够细致，通常不容易查明。

3.贴皮子

在以常见木材制作的家具表面上"贴皮子"（也就是"包镶家具"），伪装成硬木家具，再以昂贵的价格卖出去。包镶家具的拼凑处，通常凭借着上色和填嵌进行修饰，有的是在棱角处进行拼缝处理。做工精细者，外观几可乱真，若观察不够仔细，不易看出其中的破绽。这里需要强调一下，部分家具出于功能需要或者别的什么原因，无奈采用包镶法以求统一，不在作伪的行列。

4.拼凑改制

如今，家具收藏越来越热，真正的明清家具原物已经非常少见了。但是有不少的收藏爱好者一味尚古，一定要购买到旧的。这样一来，就会促使部分人专门到乡下对古旧家具残件进行收购，对其移花接木以后，拼凑改制成不同样式的家具。也有的家具在保存方法上不妥当，造成构件严重残缺，也被采取移植非同类品种的残余构件，凑成一件家具。结果不伦不类的，材质上也很混杂。

黄花梨罗锅枨带矮老方凳　清早期
边长58厘米，高46厘米

黄花梨梳背椅（一对）　清早期
宽55厘米，深42.5厘米，高85.5厘米

黄花梨独板龙纹翘头案　清早期
长218厘米，宽46厘米，高83厘米

黄花梨嵌大理石圈椅（四只）　清早期
宽53厘米，深41厘米，高91厘米

黄花梨玫瑰椅　清早期
宽56厘米，深43厘米，高84厘米

黄花梨圆裹腿带卡子花半桌　清早期
长97厘米，宽49厘米，高88厘米

黄花梨高束腰可拆卸棋桌　清早期
边长91厘米，高85厘米

黄花梨龙纹格架　清早期
长98厘米，宽48厘米，高177厘米

黄花梨灯挂椅（四只）　清早期

宽49厘米，深45厘米，高99厘米

黄花梨盖顶官皮箱　清早期
宽35厘米，深26厘米，高36厘米

黄花梨瘿木方盒　清早期
边长12厘米，高9厘米

黄花梨书箱　清早期
长40厘米，宽22厘米，高16厘米

5.化整为零

　　将完整的家具拆改成多件，从中获得高额利润。拆散一件家具以后，先按照构件原来的样子仿制成一件或者多件，再将新部件和旧部件混合起来，组装成各自包含部分旧构件的两件或者两件以上的原式家具。比如，将一把椅子改制而成一对椅子，或者拼凑出四件，诡称均为"旧物修复"。实际上，这种作伪手法是最恶劣的手法，既严重破坏了珍贵的古代文物，又有极大的欺骗性。如果我们在实际鉴定家具的过程中，如果看到有二分之一数量以上的构件为后配，则应思考一下是不是属于该种情况。

6.调包计

　　通过"调包计"，将软屉改制成硬屉。软屉，是床、榻、椅、凳等传世硬木家具的一种弹性结构体，由棕、丝线、木、藤等组合而成，大部分施于椅凳面、床榻面及靠边的位置，在明式家具中较为多见。软屉与硬

黄花梨折叠式炕案　清早期
长79厘米，宽62厘米，高32厘米

黄花梨提盒　清早期
长37厘米，宽22厘米，高24厘米

屉相比，柔软舒适，但比较容易损坏。传世久远的珍贵家具，有软屉者几乎都已经损毁。因近几十年来制作软屉的匠师（细藤工）越来越少，因此有不少的古代珍贵家具上的软屉都被改制成了硬屉。硬屉（攒边装板有硬性构件），具有比较好的工艺基础，原本为徽式家具和广式家具的传统作法。如果利用明式家具的软屉框架，选用和原器材一样的木料，以精工改制成硬屉，很多人就易上当受骗，一定会误认为修复之器是保存良好、结构完整的原物。

7.改高为低

为了进一步地适应现代人生活中的起居方式，将高型家具改制而成低型家具，即为"改高为低"。家具是实用器物，其造型密切关系到人们的起居方式。尤其是在进入现代社会以后，床榻和沙发型的椅凳已经有不少进入了普通百姓家。为迎合卧具、坐具高度下降的需要，有不少流传下来的桌案和椅子被改矮了，以便于在沙发前放沙发桌，在椅子上放软垫等。有很多人购入经改制以后的低型古式家具后，还总将其视为是古人们流传下来的"天成之器"。

8.更改装饰

为使家具身价得以提高，一些投机者们有的时候会任意更改原有的结构和原有的装饰，故意除去一些珍贵传世家具上的装饰，用来假冒年代久远的家具。这种作伪行为，欺骗性也是很大的。

9.制造使用痕迹

在使用痕迹制造上，大体有如下几大手段。

在新制作好的家具上泼上茶叶水和淘米泔水，再将其放置于室外的泥土地上，日晒雨淋两三个月以后，家具的木纹就会自然开裂，原木色泽就会发暗，油漆就会龟裂剥落，透露出一种历经风风雨雨的旧气，就好像将几十年甚至上百年的时间浓缩于其中。若新制作好的家具是桌椅类的家具，就将这种家具的四条腿埋在烂泥地里，久而久之，这一截腿就会褪色，颜色会从浅入深，显出一种水渍痕，欺骗性很大。通常情况下，真品的水渍痕不超过一寸，作伪的往往会超出这个尺寸。

对一些具有较高使用频率的家具，像箱柜和桌子，投机者就在其表面用钢丝球将一条条的痕迹刻意地擦出来，经过上漆后再用锅子和茶杯刻意烫出印记，然后用小刀将几道印子划出来，总会让人觉得似乎真的用了几十年。

有些作伪者为了做出包浆，通常会采用漆蜡色作假，有的作伪者甚至还用皮鞋油用力地擦揩家具。对于此，鉴别起来较简单，因为自然形成的包浆，摸上去根本无任何寒气，相反会有一种温润如玉的润滑感；而新做的包浆会有一股怪味道，有黏涩阻手的感觉。

有些作伪者为使效果更加逼真，还在家具的抽屉板上故意做一些特殊的破坏，比如，像是被老鼠咬过的缺口，或者被虫蛀过。有些买家一看到木档和板上有被虫蛀过的痕迹，就觉得它一定是真品。

三、家具的辨伪内容

如今，随着家具收藏越来越热，古旧家具市场上泛滥着很多的仿古家具。家具收藏者们必须掌握一定的家具辨伪知识，从而使自己的辨视能力得以提高。

1.气韵辨伪

"气韵"可以说是我国家具的重要文化内涵，家具有气韵具体体现于每一个造型语言中，渗透于家具的每一根线条之中。行内流行着这样一句话："一件精品的家具，自己会说话。"这句话的含义是，家具的气韵之所以可以造就古家具的经典，是因为它是经数不清的工匠的智慧逐渐沉淀而成的。比方说，明朝时期黄花梨圈椅的扶手端头，外撇造型如流水般洗练，而在其上往往刻有简洁的线纹，让人感觉富有弹性。这就是家具的气韵。而在如今，仿制古家具者急功近利，只在"形似"方面做停留，绝对不可有家具气韵的。所以说，学会家具气韵辨别，是对古家具进行鉴赏的基础之基础。当然了，要想学会辨别家具的气韵，就必须多欣赏真品、博览群器，这样才可以有

黄花梨直棂玫瑰椅（一对） 清早期
宽56厘米，深43厘米，高90厘米

黄花梨螭龙纹小翘头案 清早期
长14厘米，宽38.5厘米，高17.5厘米

　　通体以紫檀为材，案面两端嵌入小翘头，灵动飞扬。牙头铲地浮雕拐子龙纹，线条道劲有力、流畅优美。腿足以夹头榫纳入案面，足端外撇，为"香炉腿"。腿足间缘环板透雕螭龙纹，雕工洗练生动，呼之欲出，行刀若走笔，颇见功力。

效增长眼力。

2.髹漆辨伪

　　中国家具的髹漆工艺是中国家具艺术的主要组成部分之一。不同种类的家具有着不同的髹漆工艺，此处所说的"髹漆辨伪"，主要指的是珍贵的硬质木材家具，也就是红木类家具、紫檀家具和黄花梨家具。其实，这种类型的家具传统髹漆技法为"揩漆"工艺，具体是将天然漆（生漆）髹涂在器物表面，在天然漆（生漆）要干未干的时候，用纱布将表面的漆膜揩掉，就这样反反复复多次，直到表面光亮。最后一步就是"打磨"，是为了将木材的天然纹理体现出来。而仿制家具，一般是采用"混水货"的工艺，具体就是用有色的漆膜将家具的表面覆盖住，而木材的天然纹理是看不到的。

3.款识辨伪

　　明清家具上的款识大概有三类：一是购置款，二是纪年款，三是题识。

　　购置款是用来记载此器物的购置经过、地点，或者是此器物定制的地点、造价等。譬如，在中国明代崇

黄花梨龙纹方桌　清早期
边长90厘米，高87厘米

黄花梨官皮箱　清早期
长24.5厘米，宽21厘米，高22厘米

黄花梨带踏方桌　清早期
长93厘米，宽91厘米，高85厘米

黄花梨雕花方桌　清早期
边长95.5厘米

黄花梨矮灯挂椅　清早期

宽52厘米，深41厘米，高86厘米

　　此椅造型清秀，三弯靠背板宽厚，软藤座面。座面下装罗锅枨加矮老。方材腿足，正面装脚踏，脚踏下端安素面罗锅枨作底枨，另外三面以直枨相连。

黄花梨轿箱　清早期
长72厘米，宽17厘米，高13厘米

黄花梨瘿木面无束腰刀牙板直枨圆腿小香案　清早期
长80厘米，宽74.5厘米，高56.5厘米

　　此案案面攒框装瘿木板芯，纹质灵动盎然。边抹冰盘沿压边线，不设束腰，光素的刀牙板与横枨相抵，圆足直落到地下，光素朴质。整器结构简练，包浆温润浓郁、空灵隽永。在古代绘画中常可以看到这样的小桌，是非常实用的家具，可临墙凭窗而置，摆设香器或鼎彝，古雅清逸。

黄花梨圈椅 清早期

长98厘米，宽62厘米，高62厘米

椅圈扶手两端出头，回转收尾圆转流畅。靠背板中央雕如意形纹饰。背板上端施以花牙，增加了装饰效果。后腿上截出榫纳入扶手，穿过椅盘成为腿足。扶手与鹅脖间嵌入小角牙，扶手下联帮棍下粗上细。座面藤编软屉，下安雕饰卷草纹的注膛肚卷口牙子，曲线圆劲有力，草叶伸展，至沿边阳线。

黄花梨瘤根大笔筒　清中期
直径27厘米

　　笔筒形制硕大厚重，不惜耗材，采用黄花梨自然形成之瘤根雕琢加工而成，雕工自然圆润，质地细腻，包浆饱满，保持瘤根天然奇古之貌，为明清之际文人案头长物。黄花梨的文质清晰、自然优美，经过岁月的沉淀后优雅而古朴，韵味自然天成。

黄花梨笔筒　清中期
高17.5厘米

祯年间的一件铁力翘头案的面板底面刻字的拓片上面，刻着"崇祯庚辰年冬置于康署"的字样。其中的"崇祯庚辰"实际上指的是崇祯十三年（1640）。显而易见，这件铁力翘头案的款识为其主人刻下的购置款。毋庸置疑，带有购置款的家具，可以为此件家具的断代提供可靠的依据。

　　纪年款仅仅对器物的制作年代进行相应的记载，大部分的纪年款均出自于工匠。其实，带有纪年款的明代家具比较少，从王世襄所著的文中可以知道，在故宫藏品当中，有的漆木家具上刻有"大明宣德年制""大明万历年制""大明嘉靖年制"等的字样。

　　题识是鉴赏家、收藏家题刻在家具上的墨迹，或者是记载得此家具的品评感慨与喜悦之情，或者是记载此家具来历的说明。总而言之，家具一经名人之手身价就会迅速倍增，成为名器而受万人关注了。其实，传世的家具中带款的并不多。如果遇到带款识的家具，得小心谨慎地对待，要从家具的工艺、材质、时代风格和装饰进行全面地分析，同时还要结合有关的历史文献。只有这样才能正确地辨别出家具的真伪。

4.包浆辨伪

　　包浆，是指古器物在传世期间表面留下来的风化痕迹，是古玩的行语之一。因木器不难上包浆，且具有较厚的包浆层，行业人士称这种包浆为"皮壳"。一般情况下，家具"皮壳"呈现出一层玻璃质的状态，十分柔和，木材的色泽有一种苍老的感觉，质感如同宝石一般，一擦就会显示出光泽，而木质的纹理也是从里往外透的。而仿制作伪的旧家具，常用漆蜡色作假的皮壳，有的作伪旧家具甚至还会采用像皮鞋油之类的劣质材料造假的皮壳。用手触摸真品的皮壳，会感觉温适和光滑；假的皮壳光泽是浮躁和呆板的，用手触摸起来有一种腻涩、受阻感，甚至还会有黏手的感觉。除此之外，古家具内部也有包浆，所以在收藏的时候必须认真而又仔细地进行辨别。

5.雕刻辨伪

"雕刻"是明清家具的一种主要的装饰语言。在对仿制家具的雕刻进行鉴别时，必须注意下面的这几点。

观线条。在家具的雕刻中，线条最简单，但是线条是最不容易做的，因为稍微不小心就会露出破绽。而那些边沿线条、回纹线和纹饰外线等，往往就是露馅之处。

察刀法。凡是仿造之刀，都会显得生硬呆滞，刻意追求像不像却没了神态，有的时候为了仿冒会将某个局部故意突出来，使整个布局失去了均衡。

审细部。古典硬木家具的雕刻，十分强调细部的精致性，而如今仿制家具的材料很不到位，所以不容易实现精致性。

6.打磨辨伪

在古代的时候，师傅制作好家具以后，学徒要用不同种类的打磨材料打磨家具，往往是一磨数年，有的用细竹丝，有的用竹节草，甚至像有的紫檀家具都是人们用竹片一点点地精心刮磨而成的。这种打磨功夫不会遗

黄花梨五屏式镜台　清中期
长62.5厘米，宽36.5厘米，高85.5厘米

红木螭龙纹方桌　清中期

边长93厘米，高84厘米

　　此桌面以格角榫攒框装板，有束腰，与腿足格角相交，底端制成回纹马蹄足。牙板透雕拐子纹，替代直枨或罗锅枨，使重心提高，给人以挺拔之感。此方桌包浆浓郁，线条流畅，周正古朴。

黄花梨提盒　清代

长17厘米，宽11厘米，高13.5厘米

　　盒体连盖分三层叠落，最底下一层嵌落在底座的槽口中。提手的结合处为榫卯结构，两侧用"站牙"固定。提盒的四角为圆角包铜，做工精细，图案亮丽。保存至今，品相完好，实属不易，极具收藏价值。

黄花梨双层提盒　清中期

长26.5厘米，宽17厘米，高15厘米

黄花梨方材官帽椅　清中期
宽55厘米，深49厘米，高99厘米

留半点空白，是深刻入微的。尤其是那些细微的位置，还有深凹之处，均可以打磨得十分柔润和光滑。而新仿的家具，大部分为机械性打磨，外凸与平整部位，可以抛光得像镜面一样，但坑洼之处，则无法打磨光滑。这样一来，就一定会残留下毛糙的痕迹。即便是采取人工打磨的方式，也绝无从前那样的深功夫。另外，若家具材质的硬度不够，打磨得再细致也不会有光泽感。

7.新旧辨伪

在价值方面，新仿家具与古家具的区别比较大。年代越是久远，家具的价值差距就会越悬殊。

对新仿的家具进行辨别，首先，要对木器的雕花部位打磨的细致程度进行仔细地观察。新仿木器通常显得生愣和粗糙。如外表光，里侧则像刀子似的划手，这种现象在古家具当中是不常见的。其次，对其有无使用过近现代工艺和近现代手法进行认真地观察。如一个圆角柜，透榫两边的形状为圆弧形的，则为新仿家具，这是由于该种类型的圆弧榫眼其实是出自近代的打眼机。所以说，作为家具收藏者，需要具备广博的考古学、历史学、文化艺术和家具专业方面的知识，要综合性、全方位地去了解家具，还要有十分丰富的实践经验。另外，要实际掌握明清家具的木质纹理、雕镂装饰、造型比例、结构榫卯和款识风格的不同特色，因为这些是明清家具鉴定的重要基础。还需强调的是，应注重家具形制的大小，对不同形制的制作年代进行全面的了解。当然了，注重款识辨伪，注重榫卯使用的工具，观察榫卯结合处以及对不同时代的榫卯结构特点进行了解也是非常关键的。除此之外，应该凭借着自己的手感对不同的木质进行辨别，仔细地辨别木质表面透露出的光泽、细部的装饰工艺和木质所散发出来的不同气味，熟知历代的用料情况和不同时代的家具装饰风格和区域性的家具装饰风格。总之一句话，古家具断代和古家具辨伪是正确鉴赏家具不可或缺的主要环节。

黄花梨炕柜　清晚期
长46.7厘米，宽32.4厘米，高61厘米

黄花梨南官帽椅　清晚期
宽59厘米，深45.1厘米，高100.3厘米

第七章

黄花梨家具的价值评判

一、黄花梨家具的艺术价值

明式花梨木家具是我们这个善于创造且深赋美感的中华民族的独创，在中国人精神与心灵的升华中，这种优美的器物得以成就。斗转星移，在跨越了数百年的时空之后，时至今日，这些明式花梨木家具大都成为了我们中国人引以为豪的艺术经典。

在中国的封建王朝统治时期，最美丽、最稀有的东西往往会被皇家所垄断，最优质、最尊贵的物品也往往由皇家所独享。在历史上，花梨木明式家具曾扮演过象征封建社会等级制度、将至高无上的皇权烘托到极致的工具，寻常百姓若使用，将获"僭越"罪，会被诛灭九族。而今天，人们却可以随意享用原本只属于皇家的尊贵家具。

客观地说，由于古典家具作为艺术文化或者是说古典家具文化被人们普遍认同和接受的时间尚短，人们对其缺乏应有的了解。许多对花梨木家具情有独钟的人在初次购买花梨木家具时，似乎都有过同样的经历：

黄花梨大笔筒　明早期
高41厘米

一旦发现了用花梨木制成的家具，就像发现了"宝物"一样，忍不住要购买。这种现象引发了人们对于事物"趣"的思考。中国人对"趣"这种行为有两种理解：一种为理趣，一种为痴趣。对理趣者来说，价值是喜欢的基础；而对痴趣者来说，喜欢是毫无道理的。对于花梨木家具的理趣者而言，毫无疑问地将引出一个更为复杂的问题：到底应当如何衡量和评判花梨木明式家具的价值？

要探讨花梨木明式家具的价值，首先要清楚地认识明式家具的总体价值。明式家具的价值，不仅体现在它的历史性、创造性和实用性上，更体现在它的欣赏性和艺术性，以及沉淀在它身上的中国几千年悠久历史中的各种文化精神和文化元素上。明式花梨木家具凝聚了中国五千多年的文化精髓，体现了儒、道、佛、禅、释的哲学思想，萃取了木结构建筑的精华，融书法艺术、形体造型艺术、雕塑艺术和雕刻艺术于一体，是集中国人对美的理解之大成者。

确切地说，20世纪80年代以前，明式花梨木家具的价值观和艺术观在中国并没有形成，也并未得到普遍的认同。对于老祖宗遗留下来的艺术财富，人们只将其当成再熟悉不过的普通家庭实用具。而自从它被西方世界挖掘并被誉为"东方璀璨的艺术明珠"后，国人对它的价值和艺术性才有了重新的认识。

用价值尺度来衡量艺术，向来是一个复杂的问题，在当今商品经济社会中，这个问题同样是一个复杂的问题。它不仅受到不同时代人们审美情趣的制约，还受到某个特定时段里人们对艺术的不同理解的局限，此外还受到人们在各个时期对艺术理解层次的差异、个人文化修养的差异、审美观和审美情趣的差异、东西方文化理解的差别、艺术品共性和个性差异的影响。这些无疑都会影响人们对明式花梨木家具艺术价值的衡量与评估。

因此，在对明式花梨木家具的艺术和价值进行具体衡量时，只能在每一件家具，或是在各家具与艺术成就之间的种种差异中寻找平衡点，并

黄花梨圆角柜　明末清初
长87.3厘米，宽47厘米，高125.4厘米

黄花梨圆角柜　明末清初
长71.4厘米，宽43.5厘米，高109.7厘米

将其作为衡量家具价值的尺度。在中国历史上，花梨木家具的发展曾经出现过两次规模空前的繁荣时期：第一次发生在16、17世纪明朝的中晚期及清朝的早期，第二次发生在20世纪的80年代直至21世纪的今天。

要对这两个不同时期所产生的花梨木家具的价值进行评估，应当采用两种不同的价值观。对于16、17世纪的花梨木家具，应注重其历史价值、原创价值、艺术价值、文化价值和人文价值；对于当今人们所仿制的明式花梨木家具，应当用历史的眼光进行分析，从目前总体的情况而言，它仍处于明式花梨木家具制作的继承和弘扬阶段。因此，在评估其价值时，应更多地注重制作者对传统古典家具的理解及其在家具制作过程中的每一个细节上的体现。

从明代家具的艺术范畴上来说，明式花梨木家具代表了明代家具的最高艺术成就。而经典的明式家具一定是采用极品的海南岛产花梨木制作的，这种材质是构成经典明式家具的价值基础。不过，需要注意的是，除了关注家具材质外，还要注重构成家具价值的其他因素。例如，家具制作材料与造型风格的匹配，木材颜色、纹理、质感在家具制作中的应用，对家具适度的比例尺寸恰当的运用和掌控，制作工艺在家具制作过程中的完美体现等等。这些因素密切相关，相互依存、相互依托、相互依赖，共同构筑了明式花梨木家具的艺术价值。

二、明式花梨木家具的价值

由于材料的稀缺、质地的优美，明式花梨木家具与玉器的价值都具有不受年代影响、只受器物自身的品质影响的特点。

在我国传统艺术门类中，明式花梨木家具是最年轻的一族，人们对其知识的了解和掌握还相当欠缺。明清家具作为艺术收藏品的时间很短，从兴起至今只有短短二十余年，与有着千百年历史的书画、瓷器收藏史相比，它的确是太年轻了。现今，人们对书画研究已达到了很高的水准。而要对明式花梨木家具的价值进行评定，不仅涉及到木材的品质，还涉及到其制作的年代，对艺术的传承、造型、工艺水平、人文附加、艺术造诣等诸多问题，而这些问题中的一部分虽然已得到解决，但仍有许多问题尚待人们去思考、探索、分析和解决。

家具出产的年代，是奠定家具价值的重要基础之一，向来是收藏者首要关心的要素。人们现在给家具断代的方法颇多，通常所用的方法有：家具纹饰、造型留下的时代特征，不同年代运用榫卯结构的特点，家具木材老化的程度，家具表面由于年代久远而沉积下的木材表面包浆等。

众所周知，明式家具产生于公元16世纪明朝的中晚期，但在随后的17世纪的清早期依旧在生产，时至今日也仍在生产之中。不同时期生产的家具，必然会留下极为明显的时代特征，这点已被人们认识和掌握。但是，不能仅凭这一点给家具断代。这是因为，家具的时代特征有时很具体、很明显，但有时又非常模糊，此外，还有后人延续前朝家具的特点、风格继续生产。这就为家具准确断代带来了诸多不确定因素。因此，还要对家具表面长期使用所留下的包浆进行考察。

在人们的触摸与岁月的共同作用下，家具的表面会留下一层像油漆似的发亮的物质，这种物质通常被人们称作"包浆"。这层包浆会使家具的表面更具欣赏性，同时，随着时间的推移，人们对家具的不断使用和触摸，包浆就会越发显得

黄花梨四出头官帽椅　清早期
长61厘米，宽56厘米，高119.5厘米

此黄花梨官帽椅代表四出头官帽椅的基本式样，搭脑中间成枕形，两端出头，三弯靠背板宽厚光素，弯弧有力，嵌入搭脑与椅盘之间。后腿上截出榫纳入搭脑，鹅脖与腿足亦是相似做法。扶手呈三弯弧形。椅盘格角攒边置屉，座面下三面安素的券口牙子，沿边起阳线。腿足间置步步高赶脚枨。

黄花梨无束腰四面平马蹄腿罗锅枨条桌　清早期
长102厘米，宽52厘米，高84厘米

条桌为四面平式，为格角榫攒框镶独板，下装穿带支撑，抹头可见明榫。无束腰，方材腿足以抱肩榫与腿足结合。腿足下展为形状美好的马蹄足。牙条下置素面罗锅枨，以齐头碰榫与四足相接。此桌造型高挑，比例恰当，通体光素，造型简洁高挑。

黄花梨及乌木高束腰三弯腿带托泥香几　清早期

边长53厘米，高90厘米

　　此几腿足劈料三弯，下承托泥，曲线弯弧优美，有婀娜之姿。腿足间坠角制成精致的卷云角牙状，为整器增添佳趣。香几可陈设炉鼎，宫殿佛堂，也摆设香几，除焚香之外，兼放置法器等。从丰富的细节足可见此香几制者刨除繁俗、法到自然、集合文人意趣心境与传统的设计，巧用工料，终制瑰器，令观者怡心悦目。

柔亮、沉稳。因此，这层包浆也就成了人们考察家具出产年代的重要依据之一。

　　不过，需要注意的是，在某些特定环境下，家具不会由于制作年代的久远而产生明显厚厚的、发亮柔润的包浆。第一，如果家具得不到人们正常使用的触摸，无论存在的时间多么久远，也不会产生包浆，这一点可以从古建筑里人手触摸不到的大梁及其他建筑构件中得到印证。第二，即使家具原本已有了包浆，但如果长时间受到周围环境中非常严重的潮湿影响，或受到水浸，或受到阳光长时间的照射，家具木材表面的包浆就会脱落或被氧化掉。在这种情况下，家具木材表面的老化程度就成了考察家具出产年代的一项重要参考指标。在有

黄花梨小书箱　清早期
长38厘米，宽21.5厘米，高14.5厘米
　　此件黄花梨书箱纹质细密优美，四角饰以卧槽平镶云纹包角，正面圆形面页，拍子作云头形开口，盒盖相交处起简练的圆线，起到防固作用，又增加装饰性。

黄花梨马蹄腿无束腰脚踏　清早期
长61厘米，宽7厘米，高8厘米
　　脚踏以黄花梨制，形制工整简练，周身光素，是一件在书房与大型书案或家具相配使用的家具。面板厚实，搭角攒边镶嵌，底部施穿带，边抹可见明榫，不设束腰，内翻马蹄足，明式造型，经典传统。

黄花梨五屏式镜台　清早期

长54厘米，宽33厘米，高67厘米

　　镜台呈五屏风式，立柱穿过座面透眼，植插牢稳。中扇最高，两侧低，向前兜转。搭脑圆雕龙头，绦环板透雕缠枝花鸟。枝叶高低错落，圆润丰满，叶片舒展有致，叶脉刻画有阴阳向背。其间雀鸟追逐，飞还盘旋，展翅飞舞，相互顾盼。构图饱满，刀法运用灵活自如。雕琢自然情貌透出韵律感，别具匠心。

黄花梨拐子纹方角柜　清早期
长85.5厘米，宽45.5厘米，高174.5厘米

方角柜形制经典，造型优雅，以黄花梨为材。四根方材立柱以棕角榫与柜顶边框结合。柜门硬挤门式，以格角榫攒框装面芯板，纹质华美。装铜质面页、纽头以及吊牌，锈迹古朴。柜身内部装三层屉板，髹灰色大漆，透出浓郁历史气息。其间下侧屉板间装入抽屉两具，抽屉铜制面页与吊牌保存尚好。另外颇有匠心的是柜子底枨下牙条饰拐子纹，取代常见的光素刀牙板，可谓本来简练的形制中之点睛妙笔。

氧环境下，任何物体都会受到氧化的作用，家具也不例外，此即物体老化的根本原因。家具在生产出来之后，长期放置在不同的环境下，家具老化的程度也就不同。如果放置在比较潮湿的南方地区，表面老化程度快；如果放置在比较干燥的北方地区，家具表面老化程度就慢。在南方潮湿地区，尤其是在花梨木的故乡海南的潮湿环境下，家具使用60年的表面老化程度，与北方地区使用200年以上的老化程度相当。这种情况的出现，给家具年代的界定带来了不确定的因素。

上述这些因素，不仅为家具断代带来了困难，也为辨别制作家具制作材料到底是越南黄花梨木还是海南黄花梨木带来了困难。

家具鉴定这门学科形成的时间较短，积累下来的鉴定古典明清家具的知识和经验较为欠缺，同时，家具所处的的环境不同，家具使用的方式不同，家具保管的条件不同，家具制作的风格、特征近似等诸多因素都会影响对家具年代的判定。因此，如果要掌握上述几种最基本的鉴别家具的方法，首先必须要有亲身见过各个年代、各个时期、各种环境下家具的经历。正如俗话所说："见多方能识广。"但是，当今能够供人观察到的明代、清代以及各个时期制作的明式花梨木家具，可以称得上是凤毛麟角。这无疑给人们对历史上遗留下的古典家具进行准确断代以及对这些家具所使用的木材产地的界定带来了困难。需要探索之路还相当长。

现在，由于社会上明代及清早期的明式家具非常匮乏，且价格昂贵，同时收藏者对明、清时期明式花梨木家具的各种知识缺乏深刻的了解，所以市场上出现了很多为牟取暴利而"作假"的家具，这就令准备购买明式花梨木家具的人产生了困惑。因此，现在家具收藏市场上出现一种新倾向，家具收藏者开始将收藏的注意力转向当今用海南花梨木以及印度檀香紫檀木制作的仿明清式家具精品。这种倾向在古典家具市场上呈逐步上升趋势。

现今，一些制作高仿明清式家具的厂商由于了解、掌握了花梨木的特性，运用了木材打磨、抛光、上蜡的特种技术，生产出来的高仿明式花梨木家具比例尺寸适度、造型典雅，而且，海南花梨木特有的质感和纹理一展无遗，花梨木与明式家具真正成了绝配，从而再次充分释放了海南花梨木这一卓越极品傲里拔尊、无与伦比的魅力。

历史上所遗留下来的明式花梨木老家具，其价值主要体现在原创性、选用材料的开拓性、传统文化的传承性以及文化元素的多元性等方面。而现今制作的明式花梨木新家具，其价值更多地体现在材料易于辨认的真实性、制作工艺不断创新的完美性、不断纠正的改良性、重新挖掘的传承性以及被赋予的新时代气息等方面。

20世纪80年代以来，随着国家经济发展，传统文化复兴被迅速地带动起来，尘封多年的各种传统元素符号逐渐出现在人们的日常生活中，国内掀起了收藏明清家具的热潮，但由于市场上缺少真正的明清时期的古典家具，北京、苏州和广州等地出现了许多"高仿明式家具"和"高仿清式家具"的生产厂家及收藏队伍。

日常生活中，人们在选购高仿明清家具时，时常会发现两种非常显著的现象。

其一，家具的价值并不能只用年代和材料来衡量，齐白石、徐悲鸿、傅抱石、张大千、吴冠中、陈逸飞等近代杰出大画家的字画价格昂贵，每幅在艺术品拍卖会上成交价多则几百万元、上千万元，少则几十万元人民币，难道我们能简单地用纸、墨的成本以及年代的近远来衡量它们的价值吗？

其二，有些购买家具者听说海南花梨木家具和紫檀家具非常稀缺，极为尊贵，一旦在市场上或收藏家手中发现了这两种家具，不管价格，无论好坏，就出高价抢购。这种做法是非常错误的，举例来说，顾景洲制作的紫砂壶，每把在市场上能卖到几十万元人民币，但我们不能只要见到用紫砂泥制作的壶，就不惜血本，花费几千元甚至上万元去购买吧？

上述两种现象有一个共同的特点，即仅简单地以木材来衡量家具的价值。两者的区别是：前者以木材的"多少"衡量价值；后者则以木材的品种衡量价值。这两种做法都有待商榷，望广大收藏者借鉴。

明清式家具也像瓷器一样，高端的"作品"早已从实用价值转为了欣赏价值。因此，在衡量当代制

黄花梨圆角柜　清早期
长74.5厘米，宽37.5厘米，高96厘米

黄花梨龙纹镜架　清早期
长40.5厘米，宽42厘米

黄花梨浮雕花卉屏风（四屏）　清早期
长46.5厘米，高175厘米

黄花梨嵌绿石插屏　清早期
高45.5厘米

黄花梨雕龙绿纹石插屏　清早期
长66厘米，宽25厘米，高71厘米

黄花梨雕龙绿纹石插屏　清早期
长66厘米，宽25厘米，高71厘米

黄花梨五抹八扇围屏　清早期
高148.6厘米，宽250厘米，厚2厘米

黄花梨四抹围屏（六屏）　清早期
长337厘米，宽220厘米，厚3.2厘米

黄花梨螭龙纹绿石插屏　清早期

长55厘米，宽38厘米，高73厘米

黄花梨镶大理石砚屏　清早期

长13.5厘米，宽9.5厘米，高24.5厘米

黄花梨万字纹四柱架子床　清早期

长221厘米，宽142厘米，高219厘米

黄花梨雕花架子床　清早期

长226.3厘米，宽155厘米，高232厘米

黄花梨雕花架子床　清早期
长226.3厘米，宽155厘米，高232厘米

黄花梨四簇云纹围子架子床　清早期
长224厘米，宽149厘米，高229厘米

黄花梨小方角书柜（一对）　清早期
长48.5厘米，宽42.5厘米，高30.5厘米
　　此对方角柜柜帽喷出，方材腿足线条利落清爽、平衡稳固。硬挤门式柜门，以格角榫攒边装独板面芯板，选料极精，纹理优美，各具姿态，观之若行云流水。柜门上面页、纽头、吊牌灵巧而精致。柜内中段装抽屉。底枨下设刀牙板。此对小方角柜温润秾华，体态妍秀，可置书房存储书籍，颇增书香清致。

黄花梨双门五屉药箱　清早期

长33厘米，宽25.5厘米，高34厘米

　　此箱精选黄花梨制成，箱门对开，攒框镶板，饰以铜质方形面页、纽头、吊牌，箱身两侧饰有弧形把手，内置五屉，箱顶四角榫卯相接包以铜角，底座四角亦是包铜，起到固定保护作用。

黄花梨围棋盒（一对）　清早期

直径13.1厘米，高9厘米

　　此对围棋盒制作甚为考究，以整块黄花梨车旋成型，作敛口、鼓腹、圈足，带盖。其外打磨光亮，尽显黄花梨纹质之雍容俏丽，精作如玉之巧雕。盒身造型简练，久经辗转摩玩，器身形成浓郁饱满的包浆，入手圆润，古朴的棋盒与温润的棋子结合，秀雅出尘，有清逸之趣，生意盎然。

黄花梨提盒 清早期

长34.8厘米，宽19.2厘米，高20.7厘米

　　此提盒以长方框作底，两侧设立柱，以站牙抵夹，上安横梁，构件相交处均嵌铜页加固。共分两层，盒盖两侧立墙正中打眼，与立柱相对部位也打眼，用以插入铜条，将盒盖及各层固定于立柱之间。此件提盒制作规整，稳重大方，有较高的实用性。

黄花梨双陆棋盘 清早期

长42.2厘米，宽28厘米，厚3.3厘米

　　方盘以黄花梨格角攒边而制，用料精致，结构严谨。边角处皆装铜包角，起加固作用。周身光素，不施任何雕琢，久经历史传承，愈见古拙，有淡雅清逸之意趣。

黄花梨木浮雕花卉纹梳妆台　清早期
长42.6厘米，宽28.7厘米，高21.1厘米

作的明式花梨木家具的价值时切忌单一化、简单化，应从多角度、多层次去观察、分析和思考其价值所在。

人们应当注意到，现今仿制的明清式家具并不是历史的简单重复。时至今日，距产生明式家具时的明朝以及产生清式家具的清朝，短则二百多年，长则四百多年。今日的家具生产规模已非昔日能比，现今制作高仿明清式家具的行业已发生了根本性的变化。

首先，人们的审美观发生了根本的变化。与古人相比，现代人的视野开阔，整体的文化素质大大提高。历史上的精品家具，不是在高墙大院的高官富贾、皇亲国戚的家里，就是在皇宫里，人们很难一见。可现今是信息时代，人们可以通过多种渠道获取古典家具的信息，如博物馆、电视、广告、互联网、家具专刊、书籍……实物、图片应有尽有，为人们认识、了解明清家具提供了可以借鉴的实物和样式。

随着科技的发展，现代家具的仿制技术手段已发展到应用数码相机成像，电脑随之进行三维立体成像并出图。这种图纸不仅可以将原家具的全貌立体地展现出来，而且还能够按1∶1的比例剖析出家具各部位的立体分解图，这就为仿制古典家具提供了科学而准确的数字依据，并能以此对仿制家具进行指导。这种技术手段能使仿制家具更加准确，并能克服原件中某些部位细微的缺陷。

其次，当代制作家具的工人与过去的木匠大不相同。第一，随着社会的进步，当代制作家具的工人都具有一定的文化水平，审美水平也较高，这能帮助他们在家具生产中辨别出美与丑。第二，他们彻底改变了过去的手工艺传承方式。昔日，手艺是工匠唯一的谋生手段，因而形成了封闭式的手工艺传承方式：家族手艺不外传，父传子、子传孙。这种传统的手工艺传承方式由于缺乏交流，极度封闭，从而局限了手工艺的发展，已远远不能适应社会的发展。现代的工人流动性大，今年在广州做工，明年可能在苏州做工，后年或许在北京做工，这样就带来了手工艺的相互交流。即便是在同一个工厂里工作的工人，也都来自五湖四海，在自觉与不自觉中进行手工艺的交流，从而为提高工人的手艺提供了便利与可能。第三，随着工业化的发展，机械化生产已

黄花梨簇云纹马蹄腿六柱式架子床　清早期

长200厘米，宽149厘米，高219厘米

　　床身高束腰，铲地浮雕缠枝花卉，花卉阴阳相背，各尽其态，如临清风。壶门式牙板雕出枝叶卷曲饱满、富丽婉约的卷草纹，精致文雅。三弯腿足与牙板格角相交处雕出云纹饰角，形态优美，足端内翻卷云，外侧琢出草叶，工艺之细令人称赞。此床制作精细，结构完美统一，呈现明式家具空灵素雅的美感，少量构件有修配。

渗透到仿制古典家具的生产行业中。原来的手工拉锯被电动锯取代，手推刨被电动刨取代，手工凿孔被电动打孔机取代，手工打磨被电动打磨机取代，锣机的出现使加工家具圆形部件变得更加简单。这些新工具的出现改变了过去纯手工操作的状况，降低了工人的劳动强度，提高了生产率，同时也提高了产品的精确度：直、平、弧、圆、角等，样样准确，从而为提高家具制作的完美性提供了精确的手段。不过，由于制作明清式家具工艺的复杂性、特殊性，至今，机械工具也只能完成整个生产工序的60%，剩下的40%是中国古典家具制作中的精髓部分，是机械生产无法替代的，需要手工完成。

商品经济的发展，竞争环境的加剧，彻底改变了经营者夜郎自大、故步自封的思想。他们不断地学习、借鉴、交流、提高、完善，取他人之长补己之短，并充分发挥自己的强项，使得古典家具艺术发扬光大，并更加完善、完美。

然而，机械化、科技化辅助生产下的仿古明清家具，也为不法商人造假提供了便利。近期，由于高仿明式花梨木家具的价格暴涨和花梨木来源的奇缺，家具市场上出现了用低成本的"花梨木"制作的明式花梨木家具，这种"花梨木"是利用旋刨机械旋切花梨木，旋出仅厚1厘米的花梨木薄片，用其他低档次的硬木作胎底，然后再利用真空技术进行贴皮。用这种手法制作出来的"花梨木家具"，与传统用包镶法制作出的花梨木家具有天壤之别。传统包镶法制作的花梨木家具所使用的花梨木有一定的厚度，通常厚6厘米以上，胎骨通常用软木，既能增加重量，又能起结构支撑作用。同时，花梨木表材与胎骨彼此间留下了少许空隙，并非全部紧贴，以防热胀冷缩造成破坏。而利用现代真空技术、机械技术生产出的"夹板式花梨木"有诸多缺陷：其一，缺乏相应的技术作指导；其二，使用贴面的花梨木木皮太薄；其三，为了增加重量，用作胎底的其他硬木的干湿度比、膨胀收缩比与用作贴面的花梨木木皮不一致，从而使得制作出的家具表面极易开裂。

另外还有一种高仿古典家具，不法商人为了提高"生产效率"、牟取更多的利润，完全将传统古

黄花梨上格券口亮格柜　清早期
长93厘米，宽48厘米，高173厘米

此柜形制娇巧，包浆莹润。亮格与柜子可拆分。上格后背装板，三面壶门式牙子，牙子饰卷草纹，边缘起阳线。亮格以下为装铜合页的板门，以四面平造法制成，平整简洁。平池对开，圆形铜面页上装桃形吊牌，柜底框饰牙板。通体线脚浑方，器形古雅清逸。

黄花梨树瘤大笔筒　清早期
高13厘米，直径14厘米

笔筒取整段黄花梨挖制，材壁宽厚，木质坚密细腻，木纹自然挥洒，纵意流畅。整器取意自然形态以及天工造化，此等制法正是契合了文人思想，虽陈于书斋之用，但可凭想千里之外，获取万物之本灵，浑然天成。

黄花梨弦纹笔筒　清早期
直径21.2厘米，高21厘米
　　此笔筒除口沿与底部以细弦纹装饰外，其余不作雕饰，旨在突出黄花梨特有的"鬼脸"纹理，底设三足。

黄花梨素工笔筒　清早期
直径19.2厘米，高18.5厘米
　　该笔筒由黄花梨制成，圆口直樽式，深腹，腹内空净。整体空净，凸显文人雅士书作时心境之平和、纯净，文绮雅致。

黄花梨笔筒　清早期
高14厘米

黄花梨有束腰霸王枨方桌　清早期
边长89厘米
　　黄花梨方桌，桌面以格角榫攒边平镶面心，冰盘沿，束腰开光炮仗洞，下有托腮，牙板无饰，边起阳线与腿足相交，为固定，下安霸王枨，面底披麻挂灰，直腿内翻马蹄。整器简洁不施赘饰，结构坚固，置放厅堂中较为雅观。

黄花梨圆角柜　清早期

长83厘米，宽40厘米，高160厘米

　　此柜包浆皮壳厚重，纹理清晰生动，正面对开两门中间有一立栓，立栓与门一边皆安装条形铜质面页，中有两抽，边底横枨入户框后柜与柜腿齐平，这种"A"字形的结构设计赋予柜子精致优雅，柜门打开后不用外力便可自动关闭，柜子两扇及前下端均装有卷口素牙板，此结构别致而新颖，整体线条利落清爽，一气呵成。

典家具制作的榫卯结构抛弃，改用现代组合家具所使用的金属紧固连接构件，并加化学胶紧固。这种家具在刚生产出来的时候，表面不易看出破绽，只会偶尔在结构连接处看到补塞螺丝口所留下的补眼。但在使用一段时间之后，家具连接处就容易产生无法彻底修补的、非常致命的松动。就传统古典家具的价值范畴而言，用这种"现代技术"生产出的高仿古典家具是毫无价值的。谨请各位古典家具爱好者在选购家具时严加防范。

购买高仿明清式家具的人群，是有知识、有文化、有财富、有品味的群体，而且对中国文化充满热爱、对中国古典家具充满眷恋，这就使得他们中的不少人不仅是古典家具的购买者，还是仿制古典家具的参与者。他们周游四方，将收集到的自己喜欢的家具式样带回来进行仿制，闲暇之余到工厂参与指导仿制，或一起研究磋商，或请来当代古典家具研究的专家进行指导。这些人群的审美水平较高，对仿制明清式家具的要求较为苛刻。正是由于他们的参与，中国传统古典家具艺术及工艺才得以继承并发扬光大。

正是由于上述多种原因，现在北京、广州、苏州一些古典家具生产厂家所仿制的某些类型的明清式家具，除了家具造型韵味的完美性和家具结构的科学性这两项指标仍无法超越传统外，其他方面已达到甚至超越了明清时期同类型家具的制作水平。此外，即使是明清时期制作的明式花梨木家具，其品相、品质也是参差不齐，对它应有的价值产生了极大的影响。此涨彼落，从而造成了价值不分"新"与"旧"。

收藏的过程，即是还原历史、回味历史、品位生活、品位文化的过程。同时，收藏也是国家社会经济发展所带来的成果。因此，眼下正是收藏近年生产的高仿明式花梨木家具的最佳时机。由于社会原因，在封建统治时期，花梨木家具曾被统治阶层推到无价（最高）；在"文革"期间，花梨木家具也被推到无价（最低）。现在，花梨木家具的价值正在逐步回归，时代的发展将会把它的价值向上推，至于回升的高度，大家可拭目以待。

上述论述或许并不完善，尚待时间的验证，随着社会的发展，以及对海南花梨木家具的认识和了解，人们方能逐步认同。

喜好古典家具的人，尤其是喜欢花梨木同时也拥有花梨木家具的人，对花梨木家具情有独钟，那种痴迷难

黄花梨大炕桌　清早期

长99.6厘米，宽66.5厘米，高30厘米

　　炕桌是古典家具中较常见的品种，大多见三弯腿、香蕉腿形式，直腿明式黄花梨炕桌则比较罕见。桌面格角榫攒边打槽平镶三板拼接面心。边抹冰盘沿自中上部向下内缩成凹槽，再向下内缩至底边起线。无束腰，壶门牙条边缘起阳线与腿足交圈，牙条浮雕卷草纹。方腿内翻马蹄足，雕饰螭龙纹。制作雕刻工艺精致，纹饰生动有力，表面包浆保存完好。

以用语言来表达。在外工作劳累了一天，回到家后的第一件事，就是安坐在自己最心爱的花梨木椅子上，伸个懒腰，再轻轻抚摸它，一天的疲劳顿时消失了；有时夜已深，也为它打磨、上蜡，精心地呵护它。在不断把玩它、为它付出的同时，不断发现它的神奇和妙趣，从而更加喜爱它，并从中获得欣慰和满足。

三、工艺性对家具价值的影响

家具制作工艺作为实现家具艺术的手段，是家具艺术的生命。离开了家具制作工艺，家具艺术就无法实现。精湛的家具制作工艺，必然会为家具增添附加值。对家具艺术最开始、最基本的审视，是从制作工艺开始的。判断家具制作工艺的优劣，首先着眼于家具整体的平、密、顺、挺、严、曲、牢以及家具整体与各部件间的协调统一上。

平。即家具中的各个平面都要平整光滑。侧光观察，家具木材的表面不可出现局部凹凸不平的现象。

密。一是看榫口、拼板的合缝是否严密，严密的标准是在家具的合缝处看不见黑线；二是看柜子的屉、门，箱子的盖关上之后的合缝是否严合，关上之后的缝隙线直细，则严密。

顺。在家具的整体效果里，"顺"字体现的是顺眼、顺畅。检验是否"顺"的方法如下：首先是用手自上而下地顺摸以及左右旋转地摸，圆顺感即出。其次，"顺"体现在家具构件直面、椭圆棍体、圆棍体上，仔细观察，看家具构件中的各种椭圆形棍体、圆棍体是否圆顺，圈圆的渐变是否合理、自然。

挺。也就是直挺，即家具整体的垂直度是否挺拔，各腿、脚、枨、面是否直挺。人挺胸站立的时候，方显精神抖擞，家具也一样，挺直的家具才能展现出如人挺胸站立般的精神与气度。

黄花梨四面平式条案　清早期
长118.5厘米，宽55.5厘米，高80.5厘米

　　四面平为中国古典家具中的一种重要形式，只是存世较少。此条案由黄花梨木制就，桌面攒框镶板，拱肩直腿，腿下内翻马蹄足，四腿间攒接曲尺横枨，横枨上施矮佬。条案装饰简洁，线条有力，形制大方，颇有古风，值得重视。

黄花梨五抹隔扇（四件） 清早期

宽46.5厘米，高221厘米

一般隔扇门大多为杉木所制，此例则以珍贵黄花梨为材，制作考究，雕刻极其精细，榫卯严谨，双面有工，刀法婉转流畅，具有官制皇家风范。四扇以铜钩纽连接，五抹四格。屏心用短材以十字连缀的图案攒接四簇云纹，数百榫卯完全一致可互换，整体有插销与框架链接，可拆卸，以方便四季气候变化。正面屏心下镶一浮雕博古纹。下加浮雕拐子龙纹、博古纹裙板，背面屏心上下各镶一浮雕寿字和双螭龙纹涤环板。下加浮雕寿字裙板，底起亮脚，皆镶嵌如长边框及五边抹内的槽口。壶门线条的亮脚牙条双面浮雕卷草纹，边框及抹头接合处起阳线。

黄花梨平头案　清早期

长97.5厘米，宽48.5厘米，高82.5厘米

　　平头案黄花梨木制。桌面独板面心，面下冰盘沿中间打洼。方腿直足，腿足上端开口，嵌夹带作肩牙头的素牙条。牙条与牙头边起阳线。两端腿足间安两根横枨。此桌造型古朴，简洁优雅，比例得当，小巧精致，小中见大气。

黄花梨万历柜　清早期

长101.2厘米，宽41.3厘米，高180.5厘米

　　万历柜为黄花梨木制。齐头立方式。上部、中部三面开敞，正中镶双龙纹券口牙子，两侧安方胜形绦环板。下部对开两门，落堂镶平素板心。两腿间安直牙条，方腿直足。整体造型质朴，几无雕饰，因而更显出黄花梨木的材质、色泽、纹理美不胜收。亮格柜单层为多，双层存世及其稀少，常让人有眼前一亮之感。此亮格柜用料精良，保存完好，是不可多得的收藏佳品。

黄花梨四面平八仙桌　清早期

长98厘米，宽97.5厘米，高84.5厘米

　　此八仙桌由珍贵紫油香黄花梨打造。四面平为中国古典家具中一重要形式，存世较少。此桌形制较大，面棕角榫攒边打槽平镶拼接面心板。四条腿足与桌面大边拐角处按透雕拐子龙纹牙角，方正形式与整体风格协调统一。方腿内翻马蹄足。造型古朴，用料硕大，工艺精湛，包浆保存完好。

黄花梨大方腿平头案　清早期

长218厘米，宽57厘米，高87厘米

黄花梨瓜棱腿平头案　清早期

长203.2厘米，宽52.7厘米，高80厘米

黄花梨雕灯笼腿小桌 清早期
长107厘米，宽52厘米，高82厘米

黄花梨高束腰可拆卸棋桌 清早期
长91厘米，宽91厘米，高85厘米

黄花梨夹头榫平头案 清早期
长102厘米，宽39厘米，高80厘米

黄花梨龙纹方桌 清早期
长90厘米，宽90厘米，高87厘米

黄花梨夹头榫翘头案 清早期
长189厘米，宽46.7厘米，高84.8厘米

严。制作古典明式家具，首先应当严格遵循制作传统家具时的各种基本形制及法则。如家具的形体造型、榫卯结构及家具结构的"四脚八杈"等。所谓"四脚八杈"，指的是柜、椅、案等立式家具中的四只脚要求左右、前后都呈"下大上小"的八字型。在制作传统古典家具时，如果不符合传统家具制作的形制，或榫卯结构的使用错误，甚至是用铁钉、胶水以及螺丝扣件等对家具结构进行紧固连接，那么这种所谓的古典家具就是一堆没有任何价值的废物。不过，在严格遵循传统家具制作的各种形制要求的基础上，可以结合现代人的审美情趣进行某些部位的改动。但是，不得对传统家具造型的形制进行根本上的改变，否则就会变得不伦不类，使其非但得不到承认，价值也会大打折扣。

曲。即各种家具部件中的曲线是否优美。

牢。指的是制作家具的牢固性。此即家具制作之根本，无需多说。

黄花梨螭纹联二橱　清早期
长105.5厘米，宽58厘米，高82厘米

黄花梨殿式佛龛　清早期
长119.6厘米，宽73.5厘米，高123.5厘米

黄花梨独板大画案　清早期
长215厘米，宽74厘米，高85厘米

黄花梨高束腰五足香几　清早期
面径45厘米，高70厘米

黄花梨五足香几　清早期
直径45厘米，高70厘米

黄花梨大漆面方形炕几　清早期
长85厘米，宽85厘米，高42.5厘米

黄花梨雕龙纹有屉带托泥翘头炕案　清早期
长161厘米，宽46厘米，高44厘米

黄花梨三联橱　清早期
长191.5厘米，宽49.5厘米，高86厘米

黄花梨三屏式镜台　清早期
长51厘米，宽32厘米，高81厘米

四、花梨木与家具造型的价值关系

水的优雅、土的敦厚、骄阳的刚烈、天地之精华，使花梨木炼就出了如琥珀般的通透、如玉般的温润，以及宛若云雾缭绕的仙境般行云流水的纹理。阴柔与阳刚并存的花梨木，灵动而精致，含蓄而温婉，素雅而光泽，神韵天然、香姿玉色，颜色与纹理都透露出中国水墨画晕散渐变的艺术效果。它与东方人的气质极为吻合，是天地、山水所创造出的天然杰作，自古以来就受到中国人的喜爱。

利用不同的材料进行艺术创作，会产生不同的艺术效果。宣纸是表现书法与水墨画艺术的最佳载体，布是表现油画艺术的最佳载体，而花梨木，则是表现明式家具艺术的最佳载体。

明式家具的造型简约、线条优美，给人一种单薄的感觉。然而，花梨木的纹理生动、流畅。动与静、简与繁的聚焦与碰撞、对立与统一，在此达到从未有过的和谐与完美，从而创造出现今仍无法超越的家具艺术成就。简约造型的明式家具，给人一种轻飘、单薄的感觉，然而，当它被附着上花梨木那极富动感、行云流水般的纹理后，原本轻飘、单薄的感觉就消失了，并显露出典雅、尊贵、绚丽的艺术效果。体形硕大、充满寓意文饰雕刻的清式家具，采用红木、乌木、紫檀木、鸡翅木等深颜色的木材制作，更能显露出庄重、宏伟、威严、神秘的艺术效果。此即明式造型风格的家具多选花梨木来制作，而清式风格造型的家具多选用红木、乌木、紫檀木、鸡翅木等木材来制作的主要原因。

我们应当认识到，在这场始于20世纪80年代并一直延续至今的传统硬木家具制作的高潮中，由于缺少相应的社会基础和条件，明清式家具不再是社会普遍使用的家具样式，所以，在当今社会，制作传统风格的家具更多地体现在对传统的传承和模仿，而不可能再改良或创造出得到社会普遍认同的传统型的家具造型。因此，花梨木依旧是制作、表现明式家具的最佳材料，而红木、乌木、紫檀木、鸡翅木等木材也依旧是制作、表现清式家具的最佳材料。

黄花梨小方角书柜（一对）　清早期
长48.5厘米，宽42.5厘米，高30.5厘米

黄花梨圈椅　清早期
宽59厘米，深45厘米，高98厘米

不同艺术风格的家具需要用不同的材料来表现，家具造型是表现家具艺术的载体。用海南花梨木制作的明式风格的家具，是其他名贵硬木无法比拟，也是无法替代的。因此，用花梨木制作明式造型风格的家具，能够最大化地体现它的价值。动感自然、纹理丰富的花梨木纹理与空灵典雅、简洁明快造型的明式家具相互配合，如天合之作。因此，用花梨木制成的明式家具的价值要远高于用花梨木制成的清式家具。

五、家具中混合使用不同的材料对家具价值的影响

凡是喜爱古典明清家具的人，对于现在市场上所出售的各种用于制作明清家具的珍贵木材的市场价格，都会有大体的了解。在市场上，海南岛产的花梨木的价格要高于越南产的花梨木，印度产的檀香紫檀木的价格要高于"大叶紫檀"，红酸枝木的价格要高于白酸枝木。

无论是在古代，还是在现代，用各种名贵硬木制作的家具都会出现下述两种现象。

第一，有意将两种不同颜色、不同种类的木材进行艺术配搭，或制作成"黄包黑"家具（即用颜色较浅的花梨木制作外框，框内到面板则使用较深的紫檀木），或制作成"黑包黄"家具（即用颜色较深的紫檀木制作家具边框，框内到面板则使用颜色较浅的黄花梨木）。这种刻意地利用两种不同颜色、不同种类、不同纹理的木材设计、制作的家具，其价值非但不会降低，反而还会提升。

第二，在用珍贵木材制作一件家具时，为了降低家具的制作成本，或是由于制作家具材料不够，不用同一种类的木材制作，而是掺入其他纹理、颜色近似，且成本低廉的木材。这类家具，虽然不会直接影响家具的使用和寿命，但无论是对购买者，还是对使用者、旁观者，都会产生较大的负面影响。因此，家具的价值必然大打折扣。对于此类家具，海南岛当地花梨木家具玩家的表述如下："全黄"家具的价值最高，

黄花梨独板雕龙香炉翘腿头案　清早期
长234厘米，宽43厘米，高91厘米

其次是"二黄"家具，"半黄"家具的价值最低。（全黄：即全部使用花梨木制作的家具；二黄：即以花梨木为主，掺入少量越南黄花梨木制作的家具；半黄：即花梨木和其他硬木各占一半所制成的家具。）

购买用珍贵稀有木材制作的家具，尤其是要求不饰油漆的花梨木家具、紫檀木家具的人群，通常都是有品味、有身份、有地位的人士，他们对于在珍贵木材制作的家具里掺入不同种类的低档次木材这种情况较为忌讳，从心理不愿意接受。这些人对于"掺入量不超过30%的家具，即可视为'满砌家具'（全部的意思）"的说法并不赞同。

此类家具的价值，可根据非本类木材掺入家具里的比例来进行衡量。家具阳面开脸部件掺入一件非主题木料，家具价值应折扣20%；掺入两件（这也是最大极限）非主题家具，家具价值则折扣30%；如果仅仅在家具不起眼的阴面、或家具底枨掺入其他非主题木料，则应按家具完整价折扣10%～20%。

六、不同品质的材料对家具价值的影响

按照木材的质感来划分，海南花梨木的品质排序为：紫花梨木、红花梨木、黄花梨木、白花梨木。

黄花梨背铜镏金铜镜　清早期
直径19厘米

黄花梨官皮箱　清早期
长33.5厘米，宽32厘米，高25.7厘米

此件官皮箱平顶，门板与箱盖以花形面页相接，云头形拍子开口容纳纽头。门上饰方形委角面叶及双鱼形吊牌，两侧饰有弧形提环。箱下有座，正面挖壶门轮廓。此箱造型严谨，细节考究。

黄花梨书盒　清早期
长37厘米，宽21厘米，高15厘米

黄花梨螭龙纹炕桌　清早期
长107厘米，宽69.5厘米，高31.5厘米

黄花梨无束腰瓜棱腿方桌　清早期
长101厘米，宽101厘米，高86.5厘米

　　此件方桌桌面格角攒边装芯板，案面背部施以穿带，抹头可见明榫，桌面以下每面牙子一改常见直枨加矮老做法，用横、竖方材攒出棂格框子，中加矮老，再用栽榫的造法安装上去，与方桌的边抹并不接触，制出鱼门洞。此种造法很可能从宋式的只有两面对称的案形结体的方桌发展而来，观之素朴妍丽。方腿造出"甜瓜棱"，起线规整简练。方桌用料厚重，从细节处足见其精练、奢华。

黄花梨大方角柜　清早期

长92.5厘米，宽48.8厘米，高191厘米

　　方角柜形制经典，造型优雅，以黄花梨为材。四根方材立柱以棕角榫与柜顶边框结合。硬挤门式柜门，以格角榫攒框装面芯板，四块门板，一木对开，纹质华美，似溪山流水。铜质面页、纽头以及吊牌衬托的柜身秾华妍丽。柜身内部装一层屉板分隔上下空间，另设上下两层抽屉，抽屉脸铜制面页与吊牌保存尚好，透出浓郁的历史气息。另外颇有匠心的是柜子底枨下刀牙板铲地浮雕伸展的卷草纹，取代常见的光素刀牙板，为本来简练的形制增添了点睛妙笔，使柜身俊穆之余，又有秀雅清盈之态。

按照木材的纹理划分，其品质排序则为：黄花梨木、红花梨木、紫花梨木、白花梨木。

紫花梨木和红花梨木的纹理相对简单，颜色质朴、深沉，较适合制作如顶箱柜、书柜、博古架、八仙桌、架子床、大画案、供案、四出头官帽椅等体型较大、讲求稳重的家具，从而使家具显得庄重、典雅。若换用颜色明快艳丽、纹理丰富的黄花梨木制作，家具则会显得轻飘、零乱。因此，这类体型大的家具，用紫花梨木制作的价值要远高于用红花梨木制作的。而用红花梨木制作的价值又高于用黄花梨木制作的。

黄花梨木的颜色明快、纹理丰富，适合制作交椅、圈椅、南官帽椅、中小条案、小圆角面条柜、罗汉床等轻松、活泼、趣味性强的家具，或如笔筒、笔盒、印盒、墨盒、镇纸、算盘、佛珠、官皮箱等文房用具、工艺品，能增添家具、文具或工艺品的趣味性和观赏性。此类家具或文具，若用黄花梨木制作，价值要高于用紫、红花梨木制作的。

上述所说，仅以花梨木种类的品质对家具价值的影响作为原则。至于花梨木的品质对每一件家具价值的影响，还要进行细致的考量。

近几年来，由于用花梨木制作的仿明清式家具逐渐成为上流阶层追逐的家庭新奢侈品，花梨木的原材料及

黄花梨螭龙纹圈椅　清早期
宽59.5厘米，深45厘米，高95厘米

　　椅圈三接，两端出头，回转收尾圆转流畅。靠背板中央浮雕如意形纹，内饰朵云、螭龙。背板上端施以花牙，增加了装饰效果。扶手下联帮棍上细下粗，用所谓"耗子尾"做法。座面下攒装雕饰卷草纹的壶门券口牙子，曲线圆劲有力，沿边起阳线。左右两侧为起边线的注膛肚券口牙子。前腿施脚踏枨，左右两侧与后方则安方材混面步步高赶脚枨。脚踏与两侧枨子下各安素牙条。此椅用料奢华，端庄大气。

花梨木家具制品的价格暴涨，使得原已稀缺的花梨木原材料及花梨木家具更为奇缺。此外，由于许多购买花梨木家具的消费者对花梨木家具缺乏应有的了解，为一些投机取巧的不法家具制造商提供了可乘之机。这些不法家具制造商制造了许多劣质家具蒙骗不明真相的购买者。有的家具制造商原本应使用去净易虫蚀、易腐边材后的纯心材制作家具，却不去边材，将花梨木不分边材和心材统统用来制成家具，然后再用化学染料把白色的边材染成与心材同样的颜色。再者，一些家具制作商为了能制作出价格高、器形大的家具，就将小料经反复粘贴拼接成大料，制成大型家具。

用这两种方法制成的家具，乍看似乎并无"问题"，但几年后，要么会因为染料褪色后成为"大花脸"的家具，要么会因为花梨木边材受潮腐、虫蛀后成为废品，要么会变成一堆用各种小料堆粘成型的家具部件。在干燥、严寒的北方地区，家具甚至还会因材料之间不同的收缩比而炸开，瞬间变成一堆废木材。

或许，正是由于上述原因，目前用花梨木仿制出来的同尺寸、同款式的家具，价格却有着天壤之别。大家在购买花梨木家具时，不妨多留点心眼，仔细观察上述所说的情况，在未付款前，将已经选中的家具拿到阳光下检查一下，看是否有过多的堆粘痕迹，如果家具的底和面都打上了一层厚厚的蜡，不妨用砂纸将局部的蜡擦去，若露出白色的边材，还是敬而远之为妙。

七、花梨木纹理与家具价值的关系

天生丽质、纹理淡雅清新的花梨木有着隽永的美感，有着中国传统文人所崇尚的烟雨缭绕、行云流水、意境幽远的山水画卷之感，而且这种画卷是大自然创造出的独一无二的天然艺术。花梨木纹理在家具制作中的运用，要本着"小俏大素"的原则。所谓"小俏"，即小件型的家具，纹理越俏、越丰富，越会增添家具的观赏性和趣味性。而"大素"，则是指大型家具要素，素则雅、沉稳，花则乱。遵循此原则

黄花梨有束腰马蹄腿罗锅枨四屉方桌　清早期
边长90.5厘米，高86厘米

　　方桌以黄花梨制，色泽沉稳，包浆温润。案面以格角榫攒边镶材质宽大的面芯板。桌面底部设穿带支撑，冰盘沿至底部起线，可见透榫。牙板做成壶门式，并琢出饱满的灯草线延伸至腿足，四面巧思布陈，各置抽屉一具。牙子以下罗锅枨亦作起线处理，齐头碰与方材腿足相接。足端兜转巧致的马蹄足。

黄花梨螭龙纹插屏　清早期
长39厘米，宽19厘米，高43厘米

　　此插屏以黄花梨制就，两侧以站牙抵夹，绦环板铲地雕琢双龙戏珠，底枨下设壶门式披水牙子，铲地浮雕螭龙纹，雕工古拙纯熟。屏芯祁阳石制，山峦起伏，细雨连绵，意趣清远。

黄花梨万历柜 清早期

长110厘米，宽53.5厘米，高197厘米

万历柜整体分上格下柜，上格三面敞开，装卷云纹券口牙子，底框浮雕双龙捧寿。柜门对开，硬挤门，面板为一木所开的独板，硕大惊人，真正展现了古时考究的一木一器的做法。明合页，条形铜面页上装葫芦吊牌，底枨下装刀子牙板，直腿。

制作的花梨木家具，价值较高；反之，价值较低。

西方人将花梨木喻为"曾经被上帝亲吻过的木材"。人们之所以喜爱它，是因为它具有美丽、清晰、色彩绚丽、极富动感、变化无穷的自然纹理。这种纹理构成了海南花梨木的灵魂，是海南花梨木所独有的，其他名贵木材都不具备。不过，如何将花梨木纹理运用到家具的制作之中，却是非常讲求艺术的。应本着大趣、大雅的原则，忌大俗、大乱、大花。

花梨木的纹理与家具价值的关系体现在以下方面。

在花梨木的纹理中，花梨木"鬼脸"和花梨瘿木是最名贵、最稀有、最难寻的，也是价值最高的。自从明式花梨木家具成为时尚以来，花梨木"鬼脸"就是文人雅士们最喜爱的经典纹理，一直受到人们的追捧。带有"鬼脸"或花梨瘿木的花梨木家具，价值就会大增。如果"鬼脸"或花梨瘿木被刻意安排在家具的案面、桌面、门扇、椅子靠背等开脸显要的位置

黄花梨圆裹圆大禅凳　清早期
长63厘米，高52.5厘米

此凳软藤座面，连接座面边框的垛边两端相接裹腿做接合圆材腿足，帐子亦以相同做法与腿足结合。垛边与帐子之间以格肩榫栽入矮老分隔成两个空间，镶入椭圆卡子花。圆材腿足以双榫纳入座面边框底部。

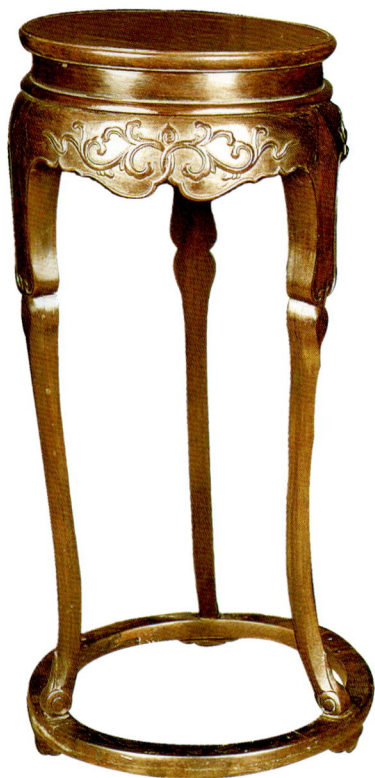

黄花梨三弯腿香几（一对）　清早期
高98厘米

香几身形修长，造型优美，选用海南黄花梨精工而成。面圆起拦水线，沿部突起且上下压线，光素高束腰，蓬牙拔水，壶门式样，其上浮雕卷草纹，三弯腿，外翻足落于圆形托泥之上，托泥之下装有小龟足。

黄花梨云纹圈椅 清早期

宽67厘米，深45.3厘米，高97厘米

　　圈椅选用黄花梨要制就，整体素雅，中规中矩。椅背形状如圈，扶手出头，与鹅脖间打槽嵌入小角牙。靠背一气呵成，上部开光平地浮雕云纹头。硬屉座面，下无束腰，直腿外圆内方，侧脚收分明显。腿间设起阳线的卷口牙子，下有赶脚枨，为典型的明式做法。

上，则家具的价值就是同类型家具价值的数倍。

被人们称为"狸猫纹"和"凤眼纹"的花梨木纹理，仅次于花梨"鬼脸"和花梨瘿木。这种纹理如果落在圈椅的扶手上、圈上、坐板的面框上，或是家具显眼之处，家具的价值就高。

被古人称为"天画"的花梨木行云流水纹，又称"烟雨纹"，似水墨山水画，似江南三月烟雨。要评判此类花梨木纹理的价值，就要用审视水墨画的眼光仔细观察。首先，看其纹理是属于具象型还是抽象型，具象型的纹理价值要比抽象型的纹理价值高。第二，看其纹理是否层次清晰、分明、富于渐变。第三，看纹理的流水、烟雨的动感是否强烈、生动。从艺术的范畴来看，此类形态的花梨木纹理，是大自然赏赐给人们，却尚未被人们挖掘出来的自然艺术的"金矿"，其价值有待估量。

总而言之，考究的花梨木大型家具，讲求的是家具各部位纹理间的和谐搭配，流动纹理和素雅纹理相配，素与雅相伴，动与静相随。而一些小型家具，如印章盒、砚盒、文具盒、圈椅、南官帽椅、官皮箱等，往往透过精致、雅趣的纹理，传达和寄托人们精神上所追求的理想意境。因而，此类家具的价值，更多地体现在趣致纹理的巧用和制作工艺的精致程度上，同时强调器物表面各构件连接之处的纹理相对接，从而使整件器物的纹理、颜色、风格相一致，浑然一体。

黄花梨梳背椅（一对）　清早期
宽55厘米，深42.5厘米，高85.5厘米

此对椅以黄花梨为材，借鉴了藤竹家具的特点。圆材搭脑两端以挖烟袋锅榫卯连接后腿。扶手与鹅脖亦是以烟袋锅榫相接。椅背在混面作肩枨子上栽入直枨，两侧扶手做法相似，榫卯严谨，尽显剔透空灵。椅盘格角攒框镶屉，座面下施两根混面横枨，中间置矮老构成三个长方形空间，再饰以短料攒框嵌制的卡子花，加固之余又增加了装饰效果，布陈得宜，处处巧思。前方腿足间所施脚踏枨以及其他三面的赶脚枨皆为双混面。

黄花梨有束腰顶牙罗锅枨大方桌　清早期

边长100厘米，高81.5厘米

　　此件方桌桌面攒框镶面芯板，边抹至底压线，层次丰富。桌面下置素面牙条，沿边起阳线，置顶牙罗锅枨。方材腿足，内翻马蹄足。这种方桌的设计理念源自中式建筑的大梁架结构，结构坚实，造型独特美观。

黄花梨有束腰直腿打洼条桌　清早期

长89厘米，宽46厘米，高105厘米

　　条桌陈设灵活，传世较多，然做工用材都值得称道者并不多见，此件即为其中之佼佼者。造型标准，采用了明式桌类家具最标准的造型：束腰、马蹄腿、罗锅枨。独特之处在于，边抹腿足皆打洼处理，规矩而雅致。用料考究，案面格角攒框装黄花梨芯板，纹质清晰自然，别有意境。

黄花梨炕几　清早期

长70.5厘米，高33厘米

黄花梨五足香几　清早期

直径68.7厘米，高45.5厘米

　　此几由黄花梨制。采用整板作面，有束腰其侧打槽嵌装涤环板，并镂凿近似炮仗洞式的透孔。束腰下托腮宽厚，与面板冰盘沿配称，以便形成须弥座形状。牙子、托腮、束腰分别制作，是采用"真三上"的方法做成的。牙条雕饰朵云纹。几足三弯式，弧度不大。足下削成外翻马蹄落在托泥上，托泥也特别重硕。造型稳重典雅，制作工艺高超，保存完好。

黄花梨有束腰霸王枨展腿雕龙纹方桌　清早期

长96.5厘米，宽94.5厘米，高87厘米

　　此桌自肩部以下约30厘米的地方造成三弯腿外翻马蹄，看起来像一具接腿的大炕桌。以下则为光素的圆材腿足。桌面底部穿带支撑，冰盘沿作打洼处理，可见透榫。束腰制成波浪式。牙板做成壶门式，铲地雕出双龙戏珠，刀法纯熟劲力，并琢出牙角，边沿灯草线延伸至展腿。霸王枨制成浮云灵芝，衬托的方桌似有仙风道骨。

黄花梨大理石面插屏　清早期

长31.5厘米，厚19厘米，高58.5厘米

　　此件插屏边框底座以黄花梨制成，两侧光素宽厚立柱由站牙抵夹，两底墩间设两根横枨，横枨中装透雕凤鸟纹绦环板，下设壶门式披水牙子。屏芯以镶嵌云石板，石板纹理如若崇山峻岭间云雾苍茫，似雨后初霁，气象苍翠。

八、文化附加对家具价值的影响

家具的文化附加会对家具的价值产生一定的影响。

对于家具的文化附加，人们秉承着传统一贯的认识：在家具设计、家具制作的过程中，有名家、大家、文人的参与并具显著特征的，经皇家、皇族、名门、名家、望族使用过的家具并流传有序而且特征显著的，其附加值就会增加。这一点通常是针对明清时期制作的花梨木家具而言的。至于当今仿制的明式花梨木家具，若是名人、名家设计或监制的，其附加值就会成倍提升。

九、艺术创作对家具价值的影响

家具的艺术性，对家具的价值起着根本性的决定作用。不过，艺术是各种因素相互作用以及创造性完美聚集的结果。所谓家具艺术，是指在制作家具的过程中，进行理性的思考设计，施以精湛的工艺，选择恰当的材料与家具造型进行搭配，巧妙地运用材料，对材料的特殊纹理进行搭配，并将不同颜色、材质的材料与家具造型相结合，同时衬托出家具中的各种线条、比例关系进行综合性地运用和处理。无论是对榫卯结构、雕刻刀法以及文饰图案的选择，还是家具整体的配合，或是将这些诸多因素进行组合，最终会达到和谐一致的完美效果。

如果用人对花梨木家具进行比拟，那么可以说，花梨木家具的造型犹如人之躯体，工艺犹如人之生命，比例犹如人之形体，挺拔犹如人之气质，润洁犹如人之精神，线条犹如人之神韵，纹饰犹如人之外衣，形制犹如人之品行，纹理犹如人之灵魂，质感犹如人之精髓。它们共同构成了明式花梨木家具的生命，同时也构筑了明式花梨木家具艺术的"精""气""神"。

同时，家具艺术也是对家具制作者的文化素质及其对明式家具内涵理解程度的综合考验。此种考验有助于家具制作者在制作明式家具时把握其中至关重要的因素：明式家具的神韵与灵气。

不管使用了多么名贵的木料，也不管制作时花费了多少精力物力，只要制作出的家具没有灵气，就如同人没有了灵魂。有灵气的家具，会让使用者感觉舒心，也会令观赏者赏心悦目。这点很难把握，却是决定制作出明式家具附加值高低至关重要的因素。在充分理解和把握明式家具内涵的前提下，结合当代人的审美要求和个人的理解，是制作高附加值家具的根本途径。充分利用花梨木的自然纹理进行设计和制作，使家具更具人性和理性，这样制出的家具艺术性更强，价值自然也更高。

十、材料使用量与家具品种的价值关系

制作经典明式花梨木家具所使用的花梨木，不仅具有稀缺性和名贵性，原材料价格还非常昂贵。此外，原材料的长度越长、材径越大、存放时间越久，价格也就越昂贵。也就是说，能制作经典明式大型家具的材料，价格也就越贵，而且，长料、老料、大料、宽板料还非常稀缺，难以寻到。这一特点，使得只能使用长料、大料制作的家具的价值，必定高于只需用小料、短料就可制作的家具。换言之，架子床的价值要高于罗汉床（榻）；罗汉床的价值要高于案；长案的价值要高于短案；独板案的价值要高于拼板案；用大板做桌面的价值要高于用小板做桌面的；大椅子的价值要高于小椅子；独板面家具的价值要高于拼板面家具；同尺寸、同款式的家具，拼板数量越少的，价值也就越高；用老料做的家具的价值，要高于用新料做的。

同时，由于现代人的居室生活仍然以客厅为中心，客厅不仅是接待亲朋好友的主要场地，也是家庭成员活

黄花梨包镶嵌螺钿山水纹大四件柜　清早期

长150厘米，宽59厘米，高273厘米

　　这是一具比较罕见的大型一封书式方角柜。柜顶以棕角榫相接，镶花叶形面叶及合页，有闩杆，下设柜膛。柜门使用难度极大的嵌螺钿工艺。嵌螺钿工艺是指取用小贝壳之极薄的内表皮，这层表皮既薄又硬，极难剥取，剥取之后还要用小镊子夹着磨制成所需形状，然后贴嵌在漆地上。此种技法难度大，花费极高。此柜柜门的嵌工十分细致，其间岸坡汀渚，楼台掩映，亭台隽雅，树木参差，一队人物正在出行，情景可游可居，观之怡人。柜门可以卸下，以减轻搬运时的重量。下装光素牙板。此四件柜工艺精湛，制作精良，有着高超的艺术水平。

动最为频繁的地方。用性价比来衡量，就决定了客厅家具要比书房家具的价值高，书房家具要比卧室家具的价值高。

客厅家具一般包括：大长案、长条案（超过160厘米以上）、中条案（120～160厘米）、小案、方桌、圆桌、半桌、罗汉床、交椅、圈椅、南官帽椅、四出头官帽椅、花几、香几等。

书房家具一般包括：书桌、画案、书架、博古架、书画箱、玫瑰椅等。

卧室家具一般包括：架子床、顶箱柜、条面柜。制作此类家具的花梨木奇缺，能够制作出的家具数量极为有限，可以称得上是可遇而不可求，因此，此类型家具的价格的绝对值是最高的，但性价比却最低。

十一、家具外表木材颜色的协调与花梨木家具价值的关系

家具的整体颜色是否一致，对家具品质起着决定性的作用。花梨木的每根木材都不尽相同，即使是同在一片土地里生长的每棵花梨所出产的花梨木，颜色也不尽相同。而且，海南岛农家所出售的每一批次花梨木，都来自海南岛中不同的产地，这就使花梨木

黄花梨瘿木大笔筒　清早期
直径26.5厘米，高22厘米

笔筒为文人雅士书房必备案头之物，此件笔筒独特处在于以一段质地细密、纹理美观的黄花梨瘿木制成，厚壁，通体光素，予人以简洁明快之感。多年的把玩使得笔筒周身形成浓厚的包浆，色若琥珀，温润凝重。

黄花梨双起线三足笔筒　清早期
高12.8厘米

黄花梨笔筒　清早期
高15厘米，直径15厘米

的颜色变得更加不确定。从而致使在制作花梨木家具时，家具外表木材颜色是否能达到一致，就成了制约家具品质的重要因素。因而就有了制作花梨木家具讲求"一木一器"的奢侈要求。

正因如此，外表颜色协调、整体一致的花梨木家具的价值，要高于仅迎面部位颜色一致的家具；家具迎面颜色部位协调一致的价值，要高于颜色整体不一致的家具。

十二、家具品相与家具价值的关系

正所谓"和谐统一，方显山河的完美"，明式家具的艺术成就主要体现在和谐适度的比例尺度，充满书卷气、尊贵典雅的家具风格上。明式花梨木家具之所以能够取得辉煌的艺术成就，最重要的原因就是，明式家具的创造者在制作明式家具的过程中，能够准确把握家具的尺寸与比例关系，并使之达到和谐统一。

相信亲身制作过仿制明式家具的人都有过这样的体会：按照《家具图录》中的尺寸、样式仿制出的家具，即使是同一款式，不同的人（工厂）制作出的家具的效果却截然不同。"多一厘则腴，少一厘则瘦。"制作放

黄花梨有束腰三弯腿螭龙纹六柱式架子床　清早期

长226.7厘米，宽157厘米，高223.7厘米

此床以黄花梨制，为带门围子的六柱床。铺面大边四角设立柱，上有承尘，正面另安装门柱，由门围子与角柱连接。正面挂檐以矮老相隔置三块整料透雕绦环板，透雕挂檐和坠角。床围子分为上、中、下三段，上截装透雕螭龙纹卡子花，中间装透雕福寿螭龙纹绦环板，底端装透雕螭龙纹绦环板，空灵剔透，寓意吉祥。此床运用吉祥纹样，又经过精心设计，艺术价值自然提升。床身高束腰，铲地浮雕相向的草龙，各尽其态，如临清风。壶门式牙板雕出枝叶卷曲的卷草螭龙纹，精致文雅。三弯腿足与牙板格角相交处雕出兽面饰角，足端外翻兽爪踩球。此床纹饰繁缛精细，雅而不俗。

样的尺寸差之毫厘，家具的效果就谬以千里。要准确地把握明式家具的尺寸与比例关系，除了要求家具仿制者有长期积累的经验外，更多地则需要一些与生俱来对家具理解的天赋。

花梨木似乎与大自然有着某种神秘的联系，花梨木在锯开之后的纹理和质感变化是人们无法预知的，更是难以预料和控制的。要制作一件品质卓越的花梨木家具，不仅需要天时、地利，还需要人巧。很多工匠终其一生都难以遇见一件色泽、纹理、质感、完整俱佳的家具精品。

花梨木家具的制作不同于其他珍贵硬木家具的制作。花梨木家具的品质，除依赖于人的因素外，更多地依赖于花梨木自身的天然条件。花梨木家具制作的最高境界并非是破旧立新，而是因材施用。即通过对花梨木的纹理、色彩、大小、质感的巧妙运用，达到天工与人力浑然一体的效果，这其中大概也蕴含着古人对人与自然关系的朴素理解。

与用其他珍贵木材制作的家具相比，用花梨木制作的家具的品质受木材颜色、纹理和质感等诸多人不可抗拒的因素的影响。即使是同一位师傅制作的十把同样式、同尺寸、相同工艺标准的花梨木圈椅，每把椅子的视觉效果也都是不尽相同的，其美与丑的程度甚至会存在着天壤之别，让人无法捉摸。是美还是丑，主要取决于所用木料的树龄以及木料存放时间的长短。树龄越长、存放的时间越久，木料的质感也就越好。此外，家具的品质还与木料花纹动感的美丽程度、油质是否丰富、颜色是否沉穆一致、木材是否细润而无伤痕等因素密切相关。这一点与其他名贵木材有显著的区别，是其他名贵木材所不具备的。例如，用同一产地的紫檀木制作的家具，如果同一位师傅制作十把样式、尺寸、工艺要求相同的椅子，其品相几乎是完全一样的。

正因如此，明朝人在制作考究的花梨木家具时，会采用同一棵花梨所产的木材来制作一件家具，这在明式家具的制作中被称为"一木一器"。这是确保制作的家具颜色一致、纹理相协调最简单且最行之有效的方法。但对于当今而言，这一要求是极为苛刻的，现在早已不存在像明朝时期那样一棵能制作出一件家具的花梨木大材。

花梨木家具追求的是纹理和颜色的协调，此即其价值和魅力所在，也是追求"一木一器"制作花梨木家具的原因所在。如果花梨木家具的整体颜色不一致、纹理不协调，家具价值将大打折扣。

黄花梨有束腰三弯腿炕桌　清早期

长97厘米，宽63厘米，高31厘米

　　此件炕桌桌面攒框镶面芯板，起拦水线，桌面下承以穿带，边抹见透榫。壶门式牙板边缘起饱满的"灯草线"，与腿足相接，连续流畅，三弯腿。炕桌选料精美，周身光素，造型古朴，线条有力。

黄花梨三弯腿螭龙纹炕桌　清早期
长96厘米，宽61厘米，高31厘米

　　此件炕桌桌面攒框镶面芯板，起拦水线，桌面下承以穿带，边抹见透榫。壶门式牙板铲地雕螭龙纹，边缘起饱满的"灯草线"，与腿足相接，连续流畅，三弯腿，足部制成卷云纹马蹄足。此炕桌选料精美，周身光素，造型古朴，线条有力。

黄花梨雕龙联二橱　清早期
长115厘米，宽54厘米，高92.5厘米

　　黄花梨联二橱，面攒框镶板，小翘头厚实而婉转流畅，攒芯面板，下承穿带。两条横枨以格肩榫交于腿中部，上设抽屉两具，下安对开门，中设立栓，铜插销固定。四腿粗壮，侧角分明。此橱面脸装铜质圆形面页及合页，手法夸张大气。加以外侧置壶门式雕龙挂牙，造型华丽。底部壶门式轮廓券口，浮雕卷草纹。

十三、打磨效果对家具价值的影响

明清时期留传下来的花梨木家具的表面，多数无法展现出花梨木纹理的灵动和质感的诱惑。要么受使用年代长久和缺乏保养的影响，要么受制作年代对家具打磨要求的局限。

"一工，二雕，三打磨"道出打磨这道工序在花梨木家具制作过程中突显的重要作用。花梨木家具的打磨，是展现其灵魂的关键一步。如果这一步做得不到位，或缺少了这一步，就无法展现出花梨木家具高贵的品质。

通过对花梨木家具精心细致的打磨，不仅能使光素家具的外表整洁、干净、顺滑，还能使家具的纹理更显清晰、色泽更沉稳，质感表现更为淋漓尽致。

打磨花梨木，不仅要求达到传统意义上犄角旮旯的利落、干净，腿脚、扶手、平面的光滑顺畅，雕花的刮磨干净、流畅，整体感觉明亮、利索，最重要

黄花梨七屉药箱　清早期
长37厘米，宽28厘米，高37厘米

黄花梨步步高圈椅（一对）　清早期
高104厘米

　　圈椅整体素雅，椅背形状如圈，扶手出头，与鹅脖间打槽嵌入小角牙，靠背一气呵成。上部开光平地浮雕云纹头，软藤座面，下无束腰，直腿外圆内方，侧角收分明显，腿间设起阳线卷口牙子，下有赶脚枨，为明式家具之代表作。

黄花梨大方角柜　清早期

长108厘米，宽63厘米，高191厘米

黄花梨海水云龙纹单门柜(一对)　清早期

长78.5厘米，宽50厘米，高178厘米

黄花梨大书箱　清早期

长52厘米，宽20厘米，高29厘米

黄花梨圆角柜（一对） 清早期
长72厘米，宽41厘米，高130厘米

黄花梨螭龙纹炕桌 清早期
长107厘米，宽69.5厘米，高31.5厘米

的是，要让花梨木的精髓质感和灵魂般的纹理得到充分显现，从而展现出晶莹剔透的木质质感。毫无疑问，若能将花梨木家具打磨出通体圆润光泽、细腻平滑、质感通透、纹理清晰等明显的效果，除了能为家具锦上添花之外，还能提高家具的附加值。

十四、花梨木的质感对家具价值的影响

花梨木的木质肌理具有光泽亮丽、细腻圆润的神奇质感。在经过人们人长时间使用和触摸后，在光线的作用下，会出现若隐若现、或深或浅、晶莹剔透，犹如琥珀般的透明感，极其神奇，极具妙趣。这种神奇的质感，使其在原有圆润细腻质感的基础上，更增添了极为亲和的诱人魅力，从而构筑了海南花梨木的精髓。需要强调的是，并不是所有的花梨木都能产生如此神奇的特征。这种对花梨木质感的表述，仅仅是对花梨木中各种杰出质感特征的总结。这种奇特的质感特征，通常出现在家具上十分便于人们观察到和触摸到的位置，如案面的面板上，圈椅上的椅圈上，或官帽椅上的扶手、搭脑上，这种质感不仅会给家具增添无穷的欣赏乐趣，还会为家具增添极高的附加值。若多种神奇的质感特征同时在同一件家具身上出现，则该家具的价值会更高。

黄花梨书箱　清早期
长47厘米，宽25.5厘米，高21厘米

第八章

黄花梨家具的投资技巧

一、海南黄花梨的珍稀性和保值性

在2004年秋季艺术品拍卖会上，北京翰海拍卖有限公司拍卖的"清初黄花梨雕云龙纹四件柜"，创下了当时国内古典家具拍卖的最高价成交纪录，拍出了人民币1100万元的天价。

2010年的上海世博会上，中国海南馆里展出的镇馆之宝，是贵宾厅里的一套明式黄花梨家具。这套仿古家具极具美感、沉稳大气，每一件都超过50万元人民币。

2010年6月，海南省博物馆展出了两件黄花梨珍品，一件是独板制作的明式官椅，另一件是清代探花张岳松亲笔题字的匾额。有人曾经出价450万元想买下这两件珍品，被藏家一口回绝。

花梨木生长周期长，极难成材，且材质密实、韧性高、含油量大。只有海南花梨才是制作家具的顶级木料。由于其极为难得，故明清以来一直是皇家用材的首选，王公贵族争相效仿，从而使得原本就稀缺的海南黄花梨在数百年来几乎被采伐殆尽。因此，目前市场上几乎已经看不见用大材制作的家具了，即使有，也是少量用拆破的老家具拼凑出来的现代家具，这也是极为难得的，价格动辄上百万乃至上千万。海南黄花梨树非常稀少，20世纪前期，国家明令禁止采伐，只有小根的木材可以作为药材经营，因而更为珍稀。

20世纪80年代初以来，随着人们的文化意识、收藏意识的觉醒，海南黄花梨的价格一路飙升，人们似乎都已经认识到了这不可再生资源的保值性和珍稀性。一件取材老料的作品，有数百年乃至上千年的生长历史，又历经了贫困、战乱、火烧水浸、贼匪等磨难，数十或几百年来一直被保留至今，其价值自然极高。不过，幸运的是，这样的国宝，我们或许还有最后的机会把玩一下。

黄花梨是属于东方的、中国的、海南的，虽然生长周期漫长，生长环境艰难，却独树一帜，花纹

黄花梨嵌桦木长方香几　明末/清早期
长83.5厘米，宽45.4厘米，高31.8厘米

黄花梨有束腰马蹄腿罗锅枨四屉方桌　清早期
边长94厘米，高86.5厘米

方桌以黄花梨制就，色泽沉稳，包浆浓郁。案面以格角榫攒边镶面芯板。桌面底部设穿带支撑，冰盘沿打洼做，至底部起线，可见透榫。束腰与牙板一木连做，牙板光素，不作任何雕饰。四面各做抽屉一具，布陈巧思。牙子以下设方材罗锅枨，齐头碰与方材腿足相接，足端兜转巧致的马蹄足。

黄花梨方角柜　明末/清十八世纪

长82.9厘米，宽45.7厘米，高170厘米

旖旎妖娆，材质坚韧不屈，不虫不腐，不破不裂，这种成材艰辛中折射出中华民族的性格，以材喻人，物我对照，故深得人们的厚爱。

近十几年来，随着中国仿古家具的兴起，收藏作为家居陈设的古典家具已成为一种风尚，大量的仿古家具商急速增多，人们纷纷去海南购买小料和旧料，致使原料更为紧张且不断增值。

现在，很多家具商都前往海南采购，就连旧的农具料、门窗料几乎都被收购一空了，在这些家具厂商的仓

黄花梨雕螭龙纹南官帽椅　清早期
宽57.5厘米，深44厘米，高91.5厘米

　　此椅搭脑两端下弯，两端以烟袋锅榫连接腿足。靠背板宽厚有力，浮雕云纹开光，其间螭龙相向，一木对剖，纹理如水中涟漪。鹅脖延展穿过椅盘成为腿足。扶手下支有联帮棍。座面置屉，面下券口牙子作洼膛肚式，边缘起灯草线，线条流畅饱满。腿足间置步步高赶脚枨。

黄花梨有柜膛圆角柜　清早期

长97厘米，宽53厘米，高115.5厘米

　　此件圆角柜造工熟练精道，柜帽喷出，边抹混面。四足下舒上敛，向内倾斜，侧脚显著，以格角榫攒边装独板面芯板，纹理清晰优美，如行云流水般明澈生动。柜门上面页、纽头、吊牌保存完好，为此柜唯一的装饰，精致而实用。柜内中段花两具带面页、吊牌的抽屉，上段有活动屉板一层置于柜帮穿带上。设柜堂，底枨下安素面牙条。

库里，只能看到酷似山药的弯曲小料，能够达到胳膊粗的就算是大料了，由此足见海南黄花梨之珍贵。因此，现在市场上有家具商提出的用黄金换木材之说是真实的。

海南黄花梨资源已枯竭，所以人们把目光转向了生长在越南的黄花梨。在古代，商人是极有条件通过陆路前往越南采购木材的，因为相较于走水路去海南采购，这样的采购更加便利，而且，植物的生长不受行政区域划分的限制，因此，我们完全可以推断，中国古代制作黄花梨家具所用的木材其中一部分很有可能是出自越南的。

中国古典家具之所以深受世人的喜爱，不仅仅因为它在某种程度上具有家具的实用性，还因为它承载着中国数千年的木工文化。但无论是何种木材，只要使用得当，都可以将中国古代家具文化发扬光大。

黄花梨半桌　明末/清早期
长98.7厘米，宽51.7厘米，高86厘米

二、海南黄花梨的市场价值

1千克的木头能够兑换40克的黄金？听起来这是一件很不可思议的事情，但确实就发生在我们身边。2007年，北京某红木家具公司推出了一个活动，主题是"黄金换木头"，主办方声称，无论是瘸腿凳子还是擀面杖，只要是海南黄花梨做的，就可以兑换黄金。1千克黄花梨木能够兑换40克黄金。虽然最终连一克黄金也未能兑换出去，但却令海南黄花梨一下子名声大噪，许多收藏者将关注的目光投向了海南黄花梨。

三年之后，即2010年，作为中国拍卖公司中的领军者之一的中国嘉德国际拍卖公司举办了"明式黄花梨家具精品展"，六十多件明清时期的海南黄花梨木家具集体公开亮相，其中包括众多从国外漂洋过海而来的名贵古典家具精品。通过这次展览，海南黄花梨再次成为收藏界的焦点。

从2001年至2013年的十几年间，国际黄金的平均价格疯狂飙升。而比黄金更加疯狂的，则是被誉为"木黄金"的海南黄花梨。

这些年来，海南黄花梨的价格暴涨，1979年前后，收购价为每0.5千克4.5元；到了1992年前后，收

黄花梨围棋盒（一对）　清早期
高13厘米，直径9厘米

围棋盒以黄花梨整挖琢成，敛口、鼓腹、平底，有上盖。通体光素无纹，凸显出黄花梨质地纹理。久经辗转摩玩，器身形成浓郁饱满的包浆，入手圆润，有淡雅清逸之趣，生意盎然。

黄花梨瘿木面无束腰刀牙板直根圆腿小香案　清早期

长74.5厘米，宽80厘米，高56.5厘米

　　此案案面攒框装瘿木板芯，纹质灵动盘然。边抹冰盘沿压边线，不设束腰，光素的刀牙板与横枨相抵，圆足直落到地下，光素朴质。整器结构简练，包浆温润浓郁，空灵隽永。

黄花梨裹腿做罗锅枨带卡子花独板面芯方桌　清早期

边长88厘米，高89厘米

　　此桌精选黄花梨为材，桌面以标准格角榫打槽平镶独板面心板，边抹混面，连接桌面边框的双混面垛边两端接裹腿做接合瓜棱腿腿足，罗锅枨亦作圆材以相同作法与腿足结合。垛边与罗锅枨之间栽入卡子花分隔空间。

黄花梨有束腰马蹄腿罗锅枨半桌　清早期

长104厘米，宽52.5厘米，高86.5厘米

　　此桌全身无雕饰，是常见的明式家具，可以随意安放，使用时也较为灵活，此件即为其中之佼佼者。造型标准，采用了明式桌类家具最标准的造型：束腰、马蹄腿、罗锅枨。面板格角装板，纹质清晰自然，别有意境，诗情画意跃然其上，边抹打洼出透榫，用料厚重考究，规矩而雅致。

购价涨至每0.5千克6元；2002年，均价涨到每0.5千克10元，2010年，海南黄花梨的价格翻了400多倍，飙升至每0.5千克4000～5000元。2013年，海南黄花梨每0.5千克的价格达到12500元左右，比现货人民币白银的价格高3倍多。

从2013年上半年国内部分著名木材的均价表上可以看出，与其他几种名贵木材相比，海南黄花梨的价格令人咋舌。

最近几年，直接影响海南黄花梨木价格上涨的，是以其为原木的一些成品。

例如，以海南黄花梨木做成的三件套皇宫椅，在2000年左右时，市场价约为45000～60000元，而2010年的市场价格则翻了近30倍，达到了130万～180万元。与价格上涨400倍的原木相比，30倍的上涨幅度虽然并不高，但也已超过了许多人的承受能力。

实际上，早在明清时期，书籍中对于花梨林家具就有记载。在明代，一张黄花梨床值白银12两，而当时的一个丫鬟的身价还不到1两白银。换言之，一张黄花梨床的价格抵得上十余个仆人的身价，黄花梨家具的贵重由此可见一斑。时隔百余年之久，黄花梨再次进入大家的视野，深受藏家喜爱，这或许又是历史的一个轮回。在未来，海南黄花梨的价格应该只会继续上升，不会下降。

地域的限制只是黄花梨稀缺的原因之一。一棵黄花梨树在经过至少300～500年的生长期，才有可能被加工成家具，但并不是整棵黄花梨树都能够当作家具原材料，黄花梨树外面的边材部分为无气味、淡黄色的软质部分，深受白蚁们的欢迎，白蚁会用3年左右的时间咬蚀边材，当遇到有辛辣芳香气味且非常坚硬的心材部分时，就会停止咬蚀，心材部分就这样被保留下来，这就意味着，整棵树可用于家具制作的部分只有三分之一左右。漫长的生长周期以及可利用部分之少，更增添了黄花梨资源的稀缺性。而且，海南黄花梨的材质油韧细密，纹理瑰丽，摸起来温润如玉，还具有降血压和治疗心血管疾病的药用价值，故有"木材大熊猫"和"木黄金"之称。黄花梨家具的肌理花纹如行云流水一般，无需上漆，只稍稍打蜡就非常美丽；再者，黄花梨家具的线条明快、样式简洁、返璞归真，能给人以充分的想象空间。黄花梨之美毫不张扬，极为含蓄，符合人们的审美观，这也是中国文人所追求的境界。正因如此，海南黄花梨成为制作硬木家具特别是明清古典家具的首选木料。

黄花梨古典家具的优势独特、实用美观、做工考究、存世稀少，因而成为藏家们瞩目的焦点。

随着红木家具市场需求的逐年增长、原材料的日益枯竭，保守估计，未来红木家具的市场价格，年平均增幅将在25%左右。

目前，在各类红木家具中，海南黄花梨的市场价值是最高的，在未来几年，还将进一步上升。

黄花梨方盒　清早期
边长22厘米，高10厘米

黄花梨五屏式云龙纹镜台 清早期

长56厘米，宽32厘米，高63.5厘米

镜台五屏风式，立柱穿过座面透眼，置插牢稳。中扇最高，两侧低，向前兜转。搭脑圆雕龙头，绦环板透雕云龙纹，辗转腾挪于云海间，龙身扭身转首，神态威猛有力，似有破壁而出之势。侧面雕凤纹飞舞百花丛中。前端设有圆雕蹲兽的望柱栏杆，镶透雕螭龙的绦环板。台座设抽屉五具，置圆型面页及叶形吊牌。三弯腿足小巧别致，设壶门式卷草纹牙板。

三、海南黄花梨的价格

20世纪70年代，海南黄花梨每千克的价格为0.1～0.2元；2007年，海南黄花梨的价格上涨，10厘米粗的圆木每千克价格为3500元，40厘米的木板材每千克价格为18000元；2011年，海南黄花梨40厘米木板材每千克的市场价升至35000元左右，直径10厘米的圆木每千克价格为5000元左右，雕刻用的树头则卖到了每千克4000元的高价。一张好的、有年代的供桌或书画桌，市场价则为300万元人民币，一堂（八椅四几）清代太师椅清代的市场价为400万元人民币。2013年3月21日，在纽约佳士得举行的拍卖会上，一件黄花梨架几案的拍卖价为900多万美元，折合人民币5400多万元。

由此可见，海南黄花梨的价格真是一日千里，如日中天，难怪被誉为"中国的国宝""世界最贵的树木"。

黄花梨的价格是由木料的大小、纹理、密度等因素决定的。据2011年的数据显示，黄花梨的市场价从每0.5千克200元至2万元不等；一般的碎料价格

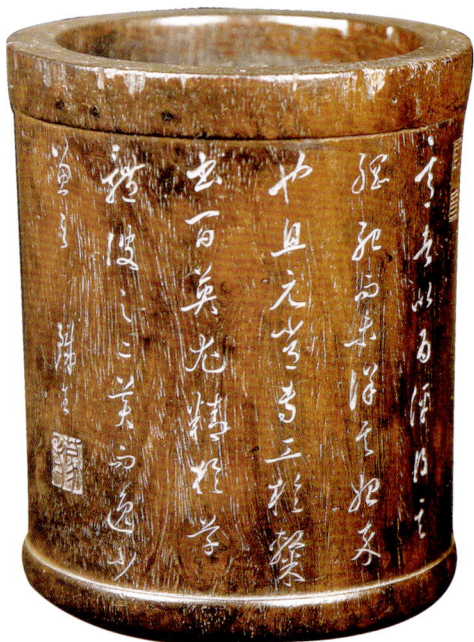

黄花梨诗文笔筒　清代
高12.4厘米，直径10厘米

黄花梨书盒　清代
长36.5厘米，宽21.5厘米，高18.7厘米
书盒以黄花梨为材，周身光素，尽显黄花梨纹质之美。方形面页和拍子兼具装饰性和实用性，两侧设提环。整器造型规整，葆光莹润，纹理美观，颇为古雅。

黄花梨雕龙纹南官帽椅（一对） 清代

宽55.5厘米，深46.5厘米，高92厘米

此对南官帽椅为黄花梨材质，椅背立柱和搭脑相接处做出软圆角，由立柱作榫头，横梁作榫窝的烟袋锅式做法。椅背浮雕龙纹，大气庄重。扶手及靠背做流线形，扶靠舒适。座面镶软藤，四腿间装券口牙子，前腿下安踏脚枨，并与其余腿间装置步步高赶脚枨。

黄花梨半桌 清代

长88厘米，宽46.5厘米，高86厘米

此桌全身无雕饰，是常见的明式家具，可以随意摆放，使用时也较为灵活。束腰、光素牙板，马蹄腿、罗锅枨，规矩而雅致，原皮包浆尽显历史沧桑。

都在每0.5千克200元左右；可以用来加工成佛珠、家具的料，平均价格都在3500元以上；大点的板料，每0.5千克的价格达上万元。2013年，由于原料短缺，市场上能见到的基本是海黄小料和碎料。即使如此，海黄碎料的价格与2012年同期也比，也上涨了15%左右，好一些的碎料每0.5千克的价格可达400~500元。

至于正宗的海南黄花梨，按2013年的市场价来看，直径15厘米、长100厘米的老料，每0.5千克的售价为4000~5000元；直径超过20厘米，长100~150厘米的老料，每0.5千克的售价为1.2万元；直径25~30厘米的大料，每0.5千克的价格为1.5万~2万元。真可谓是"一木一价"。

四、海南黄花梨升值的因素

用海南黄花梨制作的家具，不仅是木材家具中的精品，更是收藏家眼中的奇葩。到底是什么原因致使黄花梨的价格不断攀升呢？

据业内人士介绍，1998年，内地的一些单位和专家开始关注海南黄花梨，而海南花梨木被爆炒则是由少数炒家引发的。2004年，少数上海、北京等地的买家来到海南，不惜花费巨资收购海南黄花梨木。海南收藏者大为震惊，从而纷纷加入抢购收藏黄花梨木的队伍。

2005年，海南黄花梨家具被炒家炒作，价格迅速被拉升，市场上充斥着"收藏论""投资论""原料的稀缺论"等各种言论。当年，消费者一度认为，倘若不抓紧时间购买黄花梨家具，将有可能丧失享受这种稀缺商品的机会。

而当时的一些家具商，甚至采取非常极端的方式进行炒作，故意用高出原来卖出价格的数倍价格回收海南花梨木，从而使消费者形成"投资花梨木可以赢得数倍价值回报"的观念。等这种手段用过之后，一些家具商又推出了用黄金回购海南黄花梨家具的方法，从而巧妙地将花梨木与黄金划上了等号。

2007年至2013年，在经过新一轮的炒作之后，海南黄花梨的价格再度攀升，达到了天价。

五、黄花梨价格的市场走向

目前，黄花梨已被列为国家重点保护品种，正所谓"成树容易成木难"，由于产量稀少，在市场上，黄花梨的价格仍处于较高的水平。那么，黄花梨的价格的市场走向如何？再过些年，黄花梨的价格还会上涨吗？

首先，我们得承认目前黄花梨市场的火爆程度，厂商、投资者以及消费者对这一名贵的自然造化都极为热衷。从总体的市场趋势来看，由于各种黄花梨木始终处于供不应求的状态，因而会呈现每年翻倍增长的趋势。况且，由于资源匮乏、物种稀少，相信黄花梨木永远都不会失去如此之高的价值。

黄花梨长方书箱　清代
长36.5厘米，宽17.5厘米，高11.5厘米
此长方书箱做工精细，每有边角皆包红铜，百年传承，木色暗红，包浆莹润，更显稳重。

黄花梨蓝顶官皮箱　清代

长25厘米，宽18厘米，高26厘米

　　此件官皮箱门板木纹美丽，边角皆施以铜条包角，云头形拍子开门纽头，门上饰圆形面页及吊牌，两侧装有弧形提环，设抽屉四具，面页吊牌保存完好。此官皮箱形制规整，造型简练不加雕饰，结构严谨，精研厚重。

黄花梨笔筒　清代

高16厘米，直径18厘米

　　此笔筒取黄花梨材质，圆筒形。整体光素，木纹精妙。敞口平足，整体造型端庄大气，而不失文雅。黄花梨制笔筒，为了充分展现黄花梨木质纹理的自然之美，常常不饰雕刻，故光素者为多，素雅中透出文雅之气，方为上品。

黄花梨书箱　清代

长39厘米，宽22厘米，高19.5厘米

　　书箱以黄花梨为材，一木对开，周身光素无工，尽显黄花梨纹质之美，唯圆形面页和云头状拍子具装饰性。整器造型规整，包光莹润，纹理美观，颇为古雅。

六、黄花梨投资技巧

下面介绍一些黄花梨木的投资现状和投资技巧。

1.了解黄花梨价值要素

如今，业内人士将黄花梨，尤其是海南黄花梨，称作"疯狂的木头"。

原木的疯狂很快传导至成品市场。数年前，一套黄花梨家具卖到数十万元已是天价，现今卖到上百万元也不稀奇；而黄花梨木雕，动辄数千元甚至上万元，更是受到"木痴"们疯狂追捧，只要有货，一律疯抢。

业内人士认为，这主要和越南的政策有密切的关系。当地明确规定，严禁砍伐红木树种，其中包括黄花梨。而在黄花梨这一品种中，品质最好的，除了市场上几乎绝迹的中国海南黄花梨之外，就是越南黄花梨。

由于花梨木的出口量太大，资源损耗严重，越南大幅度提高了出口红木家具的关税，将原来每千克的5.5元关税，增至每千克14.5元，这一关税标准只局限在草花梨、红酸枝等品种；越南黄花梨家具的关税则更贵，每千克高达100余元。正如著名经济观察员马光远所说："黄花梨的疯狂，最主要还是因为它的

黄花梨亮格柜　清代
长49厘米，宽23厘米，高111厘米

黄花梨为材，规格小巧，形制独特。这种造型当是由明代历柜变通而来。由两亮格、两暗格和一暗屉组成，下承四条内弯腿。装饰草龙纹和缠枝花卉。

黄花梨官皮箱　清代
长35厘米，宽24厘米，高32厘米

黄花梨药箱　清代
长31.3厘米，宽20厘米，高28厘米

黄花梨材质，箱呈长方形，箱顶用燕尾榫平板结合作提料。箱门为格角榫攒边打槽装独木板门心，门心上方装方形铜额，面页长方形，单门开合。

黄花梨麒麟纹交椅　清代
长67厘米，宽70厘米，高100厘米
　　交椅由黄花梨制成，圈背式。交椅扶手五接，接处各以黄铜饰件加固，两端出头回转收尾。靠背板两侧带卷云窪角牙，中间浮雕麒麟啸天图案。椅面大边打孔穿绳，支腿接于扶手后部，下接横枨，带可依轴转动的脚踏。

黄花梨四出头官帽椅（一对） 清代

长66.5厘米，宽56厘米，高116厘米

官帽椅为西部油梨材质，包浆温润，纹理细腻。较之普通官帽椅不同，此对官帽椅搭脑中部凸出幅度较高，两端灯挂尾部上甩，给人一种威严的气势。靠背板光素无饰，座面四边打眼镶藤，席心稍有脱落。四腿外圆内方，下安步步高赶脚枨。

黄花梨南官帽椅（一对） 清代

长55厘米，宽45厘米，高88厘米

稀缺性。"

2.中国游资赴越南"赌木"

继赌玉、赌石之后，又出现了一种更为刺激的"赌木"。中国的"越梨"投资者为了得到好木材，不惜远赴越南原产地"赌木"，一旦赌中，收获将极为丰厚，价值可翻几倍到几十倍。

有藏家说："赌木也是不久之前才冒出来的，跟赌玉、赌石有点相似，但风险和难度没那么大。"藏家之所以喜欢黄花梨，主要是由于黄花梨的木纹比较独特，如有水波纹、鬼脸等。但并不是每棵黄花梨树都有这样的木纹。

即使是同被称为越南黄花梨的原木料，由于产地、品质的差异，价格也有很大的差别：最便宜的每吨只有二三十万元，最贵的越南黄花梨原木每吨则达200万元左右。廉价的越南黄花梨一般是树枝、树根部分。到底是能买到粉丝还是鱼翅，就要靠买手的运气和经验了，正因如此，才有了"赌木"之说。

越南方面允许买手直接进入林区选材。据悉，"赌木"的价格要比砍下来看到纹路的黄花梨原木便宜三分之二左右。许多新入行者喜欢这样买木料。

据统计，大部分参与"赌木"的都是新入行者，许多老行家并不参与，只是看看热闹而已，因此，这种赌货只占原木交易量的1%。不过，近年来，"赌木"交易异常活跃，估计占了交易量的2%～3%左右。"

"另外，游资也非常厉害，他们为了降低风险，高价聘请了很多有丰富经验的买手，以往看一块木料只有一个买手，如今有两三个帮眼。"另外还有精算师在一旁做参谋，对树进行估价。

行话有云："未算买，先算卖。"做板材的料体积要够大，不可以有裂纹，原料若无裂纹，每棵60厘米粗的树能够开出10～15块板材。这些都需要凭借经验进行判断。

近几年来，由于高档红木家具的价格屡创天价，越来越多的民间游资开始进入原木领域。大量资本涌入之后，民间红木收藏者出手愈加猛烈，不仅有到越南"赌木"的，还有到越南"赌房"的。越南的

黄花梨案上书柜　清代
长32厘米，宽24厘米，高43厘米

黄花梨条桌　清代
长106厘米，宽52厘米，高85厘米
周身光素，造型标准规整，攒边框镜板心，桌面光素，冰盘沿下带束腰，四腿间置罗锅枨，起到加固桌身的作用。长直方腿，内翻马蹄足，此桌黄花梨纹质清晰自然，尽显黄花梨木质纹理的典雅华丽。

黄花梨圈椅（一对） 清代
长58厘米，宽45.5厘米，高98厘米

黄花梨玫瑰椅（一对） 清代
长57厘米，宽42.5厘米，高85厘米

黄花梨南官帽椅（一对） 清代
长52厘米，宽41厘米，高86厘米

黄花梨雕龙纹宝座 清代
长89厘米，宽66厘米，高97厘米

黄花梨圈椅 清代
长60厘米，宽55厘米，高101厘米

黄花梨圈椅 清代
长61厘米，宽48厘米，高99厘米

黄花梨南官帽椅（一对）　清代
长99.6厘米，宽71.6厘米，高51.7厘米

黄花梨圈椅（一对）　　清代
长67厘米，宽53.5厘米，高96厘米

黄花梨螭龙纹圈椅　清代
长67厘米，宽44厘米，高93厘米

黄花梨扶手椅（一对）　清代
长60厘米，宽43厘米，高109.8厘米

黄花梨透雕靠背玫瑰椅（一对）　清代
长49.6厘米，宽42厘米，高90厘米

黄花梨南官帽椅（一对）　清代
长54厘米，宽44厘米，高95厘米

黄花梨南官帽椅（四只） 清代
长55.5厘米，宽45厘米，高100厘米

黄花梨龙凤纹五屏式镜台 清代
长72.5厘米，宽55.5厘米，高31厘米

黄花梨四出头卷草螭龙官帽椅（一对） 清代
长62厘米，宽48厘米，高117厘米

黄花梨南官帽椅（一对） 清代
长57.5厘米，宽45厘米，高93厘米

黄花梨寿字纹靠背椅（一对） 清代
长48厘米，宽43厘米，高104厘米

黄花梨榻 清代
长196厘米，宽103.5厘米，高47.5厘米

黄花梨四出头官帽椅 清代
宽67厘米，深56厘米，高117.5厘米

　　这把四出头官帽椅以黄花梨木制，搭脑造形弯弧有力，中成枕形，两端出头稍微上翘。三弯靠背板上浮雕花纹一朵，由双螭组合而成。扶手与座面间安联帮棍，鹅脖与扶手相交处有云纹角牙扶持。椅盘四框内缘踩边打眼造软屉，现用旧席更替。座面下安沿边起线的壶门卷口牙子，雕饰卷草纹。圆腿直足，四腿带侧脚收分，腿间安步步高赶脚枨。此椅选料佳，制作精美，形态生动，刀法利落，卷转圆婉而线条道劲，为明式家具中之经典，是家具藏家不可或缺的珍藏品种。

黄花梨架子床　清代
长208厘米，宽143厘米，高217厘米

黄花梨寿字南官帽椅　清代
长56厘米，宽46厘米，高104厘米

黄花梨雕螭龙纹玫瑰椅（一对）　清代
宽59厘米，深45厘米，高85厘米

　　此椅在搭脑、后腿及靠近椅盘的横枨打槽，嵌装透雕花板。正中图案由"寿"字组成，两旁各雕螭龙三条，长尾卷转，布满整个空间。花板下饰卡子花与椅盘连接。扶手下安花牙。椅面藤编软屉，椅盘下置拐子纹牙子。腿足间设步步高赶脚枨。

黄花梨插屏 清代

长61厘米，宽34.5厘米，高88厘米

　　黄花梨板浮雕"鹌鹑菊花宜男草"，背面浮雕博古纹，外面攒边成屏面，长方形立柱上端以束腰仰覆莲纹为饰，在两片镂雕夔纹护牙的扶持下，植入云纹盘牌形的腿足上，镂空雕刻不断回纹的横板，上下由两个枨条夹住，与立柱相连接，下方前后裙摆形牙板加固，立柱上端有槽，用来把画屏插上。画屏中的鹌鹑和菊花，谐音为"安居乐业"。"宜男草"又称"萱草"。萱者，古人称母亲，宜男则能生男孩，古人用来祝福之语言。

黄花梨躺椅　清代

宽82厘米，深57厘米，高110厘米

　　躺椅的搭脑如屋顶形，下面有四个准头与躺椅的两曲形后腿，左右由两根枨条相连，上边的枨条与搭脑间有弧形攒条相准接，中门攒弯形器背，躺椅的两条前腿是弯形的翻马蹄足，两腿中间用椅面的券口相连。后腿下面有一横攒条，相连椅面竖向有两弧形攒枨连接券口，后脚中部与前脚顶上装面母木条连接成扶手，前腿下端有一横枨左右固定上方，用两面形支腿将腿部固定，左右又有枨条加固，形成躺椅。

黄花梨石板小插屏（一对）　清代

高26厘米

插屏的竹节扁柱有攒牙扶持植入墩腿，两柱之间，枨木中镶镂空不断纹横板，其下方前后由两片流云纹牙板组成，插柱以竹节纹为饰，内留空槽，以便石屏插入，石片上有天然彩色花纹，内花梨木攒边，备好插头，以便插入屏架。

黄花梨为红木中的极品，许多投资者都从"赌木"进入到"赌房"，到越南购买老式的木制民居。

3.警惕"越黄"冒充"海黄"

　　"海黄"，也就是海南黄花梨；"越黄"，即越南黄花梨。在黄花梨品种中，品质最好的是中国海南黄花梨，堪称黄花梨中的绝品和极品，现已几乎绝迹，其次是越南黄花梨。但"海黄"与"越黄"的价格差距巨大，同一款式的"海黄"与"越黄"家具，价差最高时的比例，接近1：10。

　　越南的黄花梨有南料和北料之分，北料的颜色较深，油性足，所处的经纬度与海南相同，故与海南黄花梨极为相似。即使是专业人士，在深入检测之前，也无法准确判断。

　　中国林业研究院花费了两年的时间制定的、于2000年发布的《国家红木标准》中，规定了5属8类33种木材制作的家具可被称为红木家具。该标准中所列出的红木材料都是目前市场上存在的，并且在古代红木家具中曾经使用过的木材品种。越南黄花梨由于和海南黄花梨的物理属性相近，也在标准之列，被称作香枝木类降香黄檀树种。但其中并没有最为名贵的海南黄花梨，制定该标准的主要负责人曾透露，当时，在实际考察时，发现市场上已经没有海南黄花梨了，故未将其列入标准。

据海南黄花梨大师王世襄先生介绍，如今，除真正的古董外，所有的海南黄花梨交易都处于"灰色地带"，从严格的意义上来说，都是属于非法的。据海南林业部门的人士称，依据《中华人民共和国野生植物保护条例》《中华人民共和国森林法实施条例》认定：至今为止，海南省没有批准一家有加工野生黄花梨资质的加工厂；没有批准一家有权交易海南的野生黄花梨的木材交易市场；也没有批准一家合法直接从海南野生黄花梨树种上进行采集的种植户。

我国著名的收藏家、红木玩家马未都表示，红木家具卖的既不是材料也不是产品，而是诚信和品牌。"不太懂行的消费者就应当到诚信经营的厂家购买家具，这样的厂家会如实地告诉你买的家具是用什么材料制作的。"

七、购买货真价实黄花梨的要点

如今，在红木市场上，黄花梨相当走俏，不过，现今假冒伪劣产品横行，如何才能买到货真价实的黄花梨呢？笔者总结了如下十个要点，供广大爱好者参考。

一要"闻"。用鼻子细闻，有淳厚的香味，但是属于辛辣香，嗅觉灵敏的还能闻出一些酸味。

二要"尝"。用舌头品尝，有微苦的味道。

三要"望"。仔细观察，看纹路是否流畅，新料打磨之后，纹理美观清晰，视感极好，有蟹爪纹、麦穗纹，纹理或隐或现，生动多变。

四要"摸"。黄花梨气干的密度大于或等于0.76克每立方厘米，木质的硬度高，摸起来手感较好，粗而不刺，并且能感觉到油性，摸后手上余香萦绕。

五要"泼"。用小刀削下一些碎末，将其放入一个杯子，用滚烫的开水泼上去，会散发出浓浓的香味。

六要"色"。黄花梨心材的颜色深浅不匀，有红褐色至深红褐色或紫红褐色，时常带有黑褐色条纹，其边材呈浅黄褐色或灰黄褐。

七要"找茬"。看有些黄花梨面上的"鬼脸"是否刨平。"鬼脸"是黄花梨在生长过程中结疤所致，它的结疤与普通树有很大的区别，无规则，并呈现美丽的图案。但并非所有的黄花梨都有"鬼脸"。众所周知，海南黄花梨的"鬼脸"就是海南黄花梨木的结疤。一定要将其与树木的年轮区分开。另外，需要说明的是，"鬼脸"并不是海南黄花梨所独有的，任何木材都有。海南黄花梨的"鬼脸纹"，是大自然的恩赐，是海南黄花梨的奇特风姿。另外，海南黄花梨木的"鬼脸"，纹理清晰，色泽鲜艳，有一种浓郁的香味。

八要"问"。若对方说自己有大量的海南黄花梨工艺品，而且是全新的，那你就要提高警惕了。因为海南黄花梨早被列为国家一级保护植物，国家早就不允许进行砍伐了。

九要"刨"。黄花梨木的突出特性是具有很强的韧性及很小的内应力。它不像红木那么脆，木匠在施工时极易辨识。在刨刀口极薄的情况下，红木只有碎片般的刨屑，只有黄花梨木能够出现呈弹簧形状的长长的刨花。

十要"纯"。黄花梨家具上不应当有铁钉。由于黄花梨材料的珍贵及其极大的强度，上等的黄花梨家具及工艺品的生产制造，就像玉器的雕琢一样，需要精雕细刻。木榫结构的黄花梨家具绝对不可以有铁钉，而且只有制作功底相当深厚的艺人才能够完成。

第九章

黄花梨家具的保养要点

一、黄花梨家具的日常管理

家具是一种大众化的实用器物，与人们的日常生活息息相关，由于体积庞大，在使用中易毁易朽，故不像瓷器、玉器、金石、书画等古玩一样，深受历代文人雅士的珍爱及刻意保护。正因如此，今人所见之家具，元代以前的实物极为罕见，传世品中多为明清家具。目前，专门从事古代家具收藏的博物馆在国内很少见到，大量珍贵的明清家具仍未能受到应有的保护和重视。由于保管不善，在自然毁损和人为破坏下，古代黄花梨家具的数量正在急剧下降。为了对祖国的历史文化遗产进行抢救，当务之急是向人们传播家具的保管常识。

家具的保管可以分为两方面，即管理和保护。

我国现存的古代家具，大部分都流散在民间私家，不过也有数量可观的精品集中在旅游、宗教、园林和一些非专门收藏家具的文物机构内，被用作实用器具或室内陈设。这部分家具亟须加强科学管

黄花梨提盒　清早期
长34.5厘米，宽18.5厘米，高22.5厘米

　　此提盒以长方框作底，两侧设立柱，以站牙抵夹，上安横梁，构件相交处均嵌铜面页加固，铜件锈迹透出浓郁的历史气息。共分两层，盒盖两侧立墙正中打眼，与立柱相对部位也打眼，用以插入铜条，将盒盖及各层固定于立柱之间。此件提盒制作规整、稳重大方，有较高的实用性。

黄花梨平头案　明末/清早期
长85.9厘米，宽201厘米，高38.4厘米

黄花梨镜台 清中期
长57厘米，宽34厘米，高75厘米

黄花梨禅凳　清早期

边长60厘米，高53厘米

　　此禅凳软藤座面，无束腰，罗锅枨，桌腿与牙板圆角相接，边缘起线，造型规整，包浆浓郁，罗锅枨支撑有力，与凳子方正的外形形成鲜明的对比，使之相得益彰。

黄花梨官皮箱　清代

长36.5厘米，宽29厘米，高34.5厘米

理，避免人为破坏和流失，以更好地对历史文化遗产进行保护，从而使古代文物发挥在精神文明建设中的积极作用。

　　家具的科学管理，可从以下几个方面来进行，即鉴定、定名分级、分类、登记、建档、使用和查点。现将各方面内容分别简述如下。

1.鉴定

　　现存家具与考古发掘品不同，多为传世品，通常来说，缺乏可靠的科学记录，若不进行认真的科学鉴别和研究，极可能会造成鱼目混珠、真假颠倒的现象。对家具进行鉴定，就是辨明真伪，确定制作年代及材质，定名分级，对其科学价值、历史价值和艺术价值进行评估，从而为分级管理、加强保护、确保重点、提高保管质量创造基本条件。

2.定名分级

　　之所以为家具定名，是为了便于区分。家具的名称要能够体现出其主要特征，最好能达到"见其名如见其物"。一般而言，定名可由年代、材料、器形特征和功用四部分组成。例如，"明黄花梨无束腰裹腿罗锅枨大画桌""明紫檀木扇面形南官帽椅""清黄花梨透雕荷花纹太师椅"等。另外，定名要规范

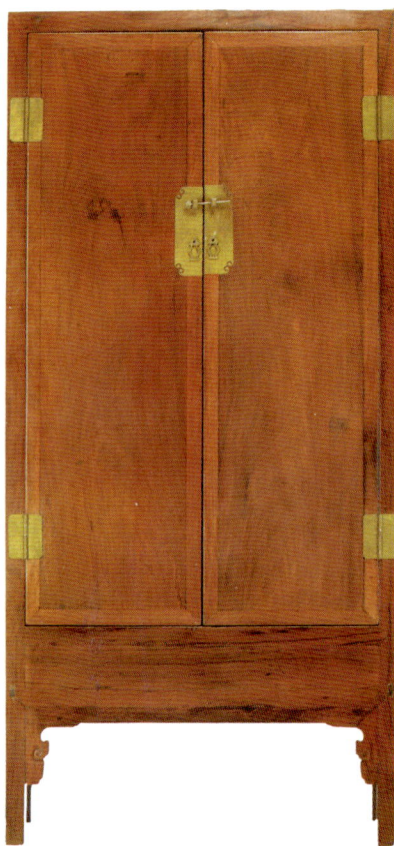

黄花梨明式方角柜　清代

长91厘米，宽47厘米，高188厘米

　　这件明式方角柜以黄花梨为材，这种形制的家具也可称为双门柜。顶面长方形，下承四条方腿，上饰券形牙板。双门双锁，内有三格二屉，最下层藏有一暗格。形制庄重，装饰素雅，用材珍贵，木纹美丽，包浆沉厚明亮。

化。因为即使是同一种家具，全国各地的称呼也不相同，那就要根据全国通用的名称进行统一。例如，江浙地区所称的"台子"，应定名为"桌子"。

为了确保对精品进行重点保护，还应当在鉴的基础上，对所收的家具进行定级，通常可根据不同的科学价值、历史价值和艺术价值，分为三个级别。

3.分类

分类就是把具有同一特征的家具归在一起，通常分为五大类：桌案类、椅凳类、床榻类、柜架类及其他。

4.登记

登记是妥善保管家具及对其进行科学管理的关键，也是检查所收家具的数量及质量的法律依据。要有一套准确而完整的账簿，包括使用登记簿、总登记簿、分类登记簿等。其中最根本、最重要的是总登记簿。总登

黄花梨明式书架（两件）　清代
长88厘米，宽37厘米，高186厘米

黄花梨如意开光圈椅（一对）　清代
宽60厘米，深47厘米，高102.5厘米

黄花梨开光圈椅（一对）　清代
宽60厘米，深46.5厘米，高103厘米
　　以黄花梨为材，材精纹美。成对形制，保存良好。具有典型的明式家具风范。藤屉，背板透雕灵芝纹。四腿之间以步步高赶脚枨连接。正面牙条饰成壶门式。

黄花梨海棠纹长方箱　清代

长38厘米，宽19厘米，高16厘米

　　该箱为黄花梨制，包浆自然古旧。边角未露榫头，上下设铜片，以折角铜钉嵌合，为原汁原味的民间工艺。

黄花梨书箱　清代

长38.5厘米，宽22厘米，高18.5厘米

　　书箱选用黄花梨料制成，周身光素。盖顶边角弧形内收起线，正面装饰铜质方形面页，整体规整。

黄花梨随形大笔筒　清代

高39.5厘米，直径47厘米

　　此件笔筒选黄花梨瘿木为材，随形整料挖制，材质硕大，叹为观止，其瘿纹呈不规则变化，气象万千，难得一见。

黄花梨铜包角文房箱　清代

长38.5厘米，宽21.5厘米，高13.5厘米

　　文房箱选用黄花梨老料精制而成，纹理华美，整个箱体造型周正典雅，光素无纹。正面嵌入铜制方面页，两侧置铜提环，灵便实用。为使之牢固，在箱盖、四角等多处加装了铜制包角饰件，更显出箱子的考究。

黄花梨束腰大禅凳（一对）　清代

边长63厘米，高50厘米

　　此方形大禅凳，攒框镶软屉，坐起来非常舒适。冰盘沿，有束腰，壶门素牙板。腿足下端伸展为线条明练的马蹄足。整体形制简约，与修行者心形相一，实为难得。

记簿必须由专门的人员进行保管，并实行账、物分管制度。登记时应当严格按照规定的格式，逐条逐项用不褪色的墨水填写，字迹力求清晰、工整。有些机构所收的家具原来已登记过，那就可在新的总登记簿表格内增设一栏"原来号"，以便于查找、核对。

5.标号

家具的总登记号应当标写在器物上，标写时需要注意以下几点。

标号应当标写在隐蔽处，不得影响家具的外观，不得刻划，以免伤及家具本身。

标号的位置应当一致，以方便查号。

为了避免混乱，可将旧号除去，但总登记簿中不得遗漏。

标号用漆的色调要一致，淡色家具要用深色漆，深色家具要用淡色漆。

6.使用

由于一般机构保护文物的意识较为淡薄，所以往往对所收的家具保护不够，最常见的是把家具特别是一些精品作为实用器物使用，造成了本应避免的人为损坏。因此，家具的使用，应当根据不同的级别，制定相应的规定。通常情况下，对于一、二级品，原则上应加以重点保护，仅作陈设用，不宜继续作为实用器。在开放的场所可以划定适当的保护范围，禁止人们入内。对于三级品的使用，也要严加控制，尽可能不用、少用或在使用中采取诸如加桌套、椅面等保护措施。

7.建档

为每件家居建立档案，是科学管理和保护的基础和依据。可以采用"一物一袋"的形式，并根据总登记簿编目。档案的内容应当包括：相关的历史资料、修复记录、鉴定记录、使用记录以及测绘图纸、照片、拓片等。档案的形成是一个循序渐进、逐渐积累过程，应当从最初收进时开始收集相关的资料。

黄花梨霸王枨长条案　清代

长111厘米，宽47厘米，高80厘米

　　以名贵的黄花梨为材，案面长方形。四边打槽攒角。中用独板为案面，用材硕大，纹理美丽。束腰、抛牙板，下承四条内弯马蹄腿。案面与四角用霸王枨加固。该案无论材质、形制，均具明式家具之特征。

黄花梨六足高束腰香几　清代
长47.5厘米，宽42.5厘米，高73厘米

　　几面扁圆，边缘凹凸不平，略似初出水的荷叶。束腰甚高，分上下两层，因而也出现了双重的绦环板和托腮。绦环板上层透雕云纹，下层开鱼门洞。牙子分段相接，像披肩似的覆盖着腿足，与插肩榫的造法不同。腿足下半卷曲幅度较大，尽端雕作卷叶下削圆球，落在台座上。

黄花梨圆后背交椅　清代
高110厘米

　　此交椅以黄花梨制成，圆背式。交椅扶手互接，接处以铜饰加固，两端出头回转收尾，靠背板上端与搭脑正中相接，两侧带有窄角牙，上方雕一朝面双龙如意云纹，交椅的支腿接于扶手后部，扶手与鹅脖间及弯腿处有小角牙，下接横杖带可依轴转动的脚踏，后腿上接前座横杖，下接管脚杖，木材相接，收腿足交处皆有铜活，以铆钉加固。此交椅造型优美，保存完好。

黄花梨有束腰马蹄腿带托泥嵌云石小几　清代
长20厘米，宽16厘米，高34.5厘米

　　小几以黄花梨制成，包浆莹润，形制古朴，纹理清晰。几面攒框嵌云石，石纹如画。面下有束腰，鼓腿彭牙，内翻马蹄足，兜转有力，立于罗锅枨形状的托泥上，颇为新颖。

黄花梨万历柜（一对） 清代

长94厘米，宽44厘米，高184厘米

　　万历柜下层常用来存放书籍，上层亮格则适用于陈列文玩，亮格后有背板。两面券口都浮雕有少许回纹，下卷口雕祥云草龙，余均光素。

8.查点

定期清点与检查，是家具管理的重要措施。查点家具的时候须账、物相对，发现账、物不符或家具缺损等情况，要及时查明原因、查清责任、酌情处理。查点家具的时候，若是发现了其他不利保护的情况，也应当尽快解决。例如，若发现家具的标号模糊不清，就应及时重新标写；若发现家具有腐朽、松动之处，就要及时维修；若发现虫蛀、鼠咬、霉变等情况，要及时施药、消毒等。

上述的科学管理方法，仅适用于收有较多家具者，对于件数较少的机构及私家未必适用。但尚有可参考之处。这些管理方法不仅有利于家具精品的保护，更有利于维护家具的经济价值和使用价值。

二、黄花梨家具保养的注意事项

黄花梨家具之所以会遭受毁坏，除了无意识或有意识地人为破坏外，还有一个重要的因素，即缺乏必要的保护措施。由于家具的年份较为悠久，但又不同于其他艺术品，它是在使用中传世的，不可能作为一种纯观赏器而放置，因此，保养工作就至关重要。要对家具进行养护，需要注意以下几点。

1.保持表面清洁

家具在使用的过程中是完全暴露在外的，容易沾染灰尘，特别是雕刻部分，更易积灰，而灰尘中带有种种杂物及氧化物，要及时清除掉，否则就会致使家具的表面受到侵蚀。清除尘埃可用柔软的巾布或鸡毛掸，以不损伤家具为原则。

2.避免创伤

无论是硬木家具还是软木家具，毕竟都是木质的，都易造成各种创伤。因此，我们在收藏中，应当尽量避免碰击与撞击，尤其是金属器具的碰撞。至于硬木家具的透雕花板，更应留心保护。

3.忌拖拉搬动

有的家具较重较大，通常来说以少搬动为最佳，当需要搬动的时候，一定要抬起来搬，不可为了贪图方便，拖拉搬动。拖拉极易造成榫头结构松动，从而导致家具散架。

4.防干、防湿

潮湿和干燥是家具保护的大敌。家具主要是由木质纤维材料制成的，属于吸湿性物质，对湿、干最为敏感。木纤维中通常都含有水分，其含水量通常为本身重量的12%～15%。如果空气的湿度过低，木材的含水量不足，家具就会变形翘曲，干裂发脆，缝隙

黄花梨官皮箱　清代
边长35厘米，高26.5厘米

此箱以黄花梨木制成，造型儒雅，整身长方柱形，箱盖平顶，内分四小屉。四角包铜，两侧安置铜拉手，双开门，面镶铜如意纹面页。黄头云头拍子，平卧安装，门上安铜拉手。用以盛装贵重物品或是文房用具，因其携带方便，常用于官员出巡或出游。

黄花梨云石插屏　清代

长38.5厘米，宽27厘米，高62厘米

　　大理石一片，黑白纹交错，如瀑布从空撒下，以黄花梨攒边，备好插杆。屏架由束腰莲方柱由镂空撑牙夹持，植入抱鼓石形的瓶腿上。三开光镂空横板被镶入上下两条枨板中，与两插柱连接。下方前后接菱边形牙板组成的插座，就可以担负插屏站立。

黄花梨圈椅（一对） 清代

宽69.5厘米，深63厘米，高98.5厘米

　　此对圈椅由黄花梨木精制而成。椅圈三接，四腿由上至下，贯穿椅面与椅圈相交。靠背板整板素洁，仅在上方浮雕螭龙纹。扶手鹅脖之间有小角牙，座面下三面安券口牙。用料、造型、装饰、工艺都是明式家具风格。

黄花梨四出头官帽椅（一对） 清代

宽63.5厘米，深52.5厘米，高120厘米

　　此官帽椅搭脑造型弯弧有力，两端出头上翘。素面靠背板两端嵌入搭脑下方与椅盘后大边。三弯弧形的扶手以榫卯结合后腿上截与三弯形鹅脖，中间支以三弯形上细下大的圆材联帮棍。座面下安壶门式券口牙子，腿间安赶脚枨。四出头官帽椅造型简练优雅，是明式家具中最成功的坐具品种。制作工艺精湛，保存完好。

黄花梨四出头官帽椅（一对） 清代

宽64厘米，深52厘米，高118厘米

　　官帽椅用黄花梨木制作，背板为黄花梨独板，无雕饰，纹理美观、清晰，有搭脑。两边立柱与腿部一木连做，扶手弯曲适度，座面攒框镶席面，腿间饰壶门券口式牙条，施步步高赶脚枨。圆腿直足。两只椅子光素无多余雕饰，秀雅大方，充分展现了明式家具的韵味。

扩大、增多，榫结构松动，强度降低。但是，如果空气的湿度过高，木材就会膨胀。而木材膨胀时，方向不同，就会使家具产生扭曲变形。另外，湿度过高，适宜害虫及霉菌的生长繁殖，使家具极易生虫、发霉、腐朽。因此，要保护家具，就要将家具放置在湿度适中的环境中。

　　根据古代家具的材料特性，应将空气的相对湿度掌握在50%～65%左右，要控制其升降幅度，可以采取下列措施。

　　（1）防干燥

　　室内环境若过于干燥，可多放置一些多叶盆栽植物，如花卉盆景等，也可安放盛有清水的器皿，通过增加水分蒸发的方法来提高空气湿度。

　　地面要勤洒水。但仅限于泥地、水泥、砖石地面。不吸水的地面不宜采用这一方法。

　　为了防止日光直射，减缓室内的水分蒸发，门

黄花梨提盒 清代

长33.6厘米，宽18.5厘米，高22厘米

　　以黄花梨为材制作，材质高美，盒有四层坐于长方形托上，底框上安站牙和提梁，盒盖四角如意云纹饰，盒内有一托盘，制作精良，品相佳美，包浆沉厚明亮。

315

窗上要装置竹帘。

（2）防潮湿

室内潮湿通常与建筑不善有关。如地面、墙脚的渗水、返潮、生苔，以及墙面开裂、门窗不严、屋顶渗漏等，都会引起室内潮湿。因此，对于陈放家具的建筑，应当经常检修屋面、天沟、水落、泛水、墙面以及四周的排水系统。另外，如果地面时常潮湿的话，可加补防水层；墙壁潮湿可以加护墙板，也可以在内墙面刷防水胶或防潮水泥，再贴裱塑料糊墙纸或涂油漆。

有条件的地方，可以在室内安装空调设备，以将室内气温与相对湿度恒定于标准范围内。

家具的腿脚最容易受潮腐朽，因此，可在腿脚下安置硬木桌塞（垫块），以避免潮气直升向家具腿木。

平时要注意掌握室外气候规律，利用自然通风去潮。一般而言，符合下列情况之一时就可以将门窗打开，通过自然通风来降低室内湿度：室外温、湿度都比室内低；室外的湿度比室内低；内外的相对湿度相等；室外的相对湿度比室内低；内外的温度相等。如果与上述要求的气候条件不符，就要关闭门窗或加上窗帘，以减缓

黄花梨二人凳　清代

长108厘米，宽52厘米，高118厘米

此二人凳又称为舂凳，选黄花梨为材。屉面铺竹片代替传统的软屉，兼顾了弹性与牢固度。面下直牙条，两侧腿间装双横枨，前后腿间装一横枨，具有稳固扎实之感。四腿直，断面外圆内方，线脚简练。

空气对流及日光辐射。

对于空间较小的室内，可以采用吸湿剂来降低湿度。常用的吸湿剂有木灰、生石灰等。每千克生石灰的吸水量为0.6千克，当它吸潮化为粉末后，要及时进行更换，以免水分蒸发和粉末飞扬。每千克木炭的吸水量为0.03千克，其吸湿性比生石灰要差，但晒干之后仍可重复使用，较为经济。要计算吸湿剂的用量，可按下述公式：

吸湿剂用量=被吸湿的空间容积×当时的绝对湿度÷每千克吸湿剂的吸水量

（注：绝对湿度=相对湿度×同温下1立方米空气含水蒸气的饱和量）

至于相对湿度，可以通过各种测量仪器直接读知。

未上漆的家具表面可涂擦动、植物天然蜡或四川白蜡（俗称硬蜡，是一种昆虫分泌出的蜡质），以缩小家具吸湿面积，阻止液态水分、气态从家具的表面直接渗入木料之中，从而将木材各个方面的膨胀系数保持在一个相对稳定的状态。与此同时，涂蜡还能使古代家具光亮美观、光滑耐磨及易于除尘。但需要注意的是，不要在家具底面、背面等较隐蔽的地方涂擦硬蜡，否则不利于木料自然"呼吸"。

5.防光晒

经过现代科学研究证实，光线对家具有损害作用。光线中的红外线会致使家具表面升温，使其湿度下降，从而产生脆裂和翘曲。而紫外线的危害则更

黄花梨素纹大笔筒　清代
高22.5厘米，直径27厘米

黄花梨镂空座　清代
高4.5厘米，直径12.5厘米

黄花梨托盘　清代
长34.1厘米，宽23.7厘米

花梨嵌汉白玉圆台　清代
高38.5厘米，直径79厘米

黄花梨圈椅（一对）　清代
高89厘米

大，不但会使家具褪色，还会降低木纤维的机械强度。光照对木纤维的破坏是循序渐进的，即使在夜间，这种破坏过程仍会持续进行。为了避免光线对家具的损害，可采取下列措施。

安装遮阳板、百叶窗、竹帘、布帘、凉棚等，以防光线直射室内。

在玻璃窗外涂上红、白、绿、黄色油漆，或加设木板窗，以降低直射光的强度。

选择厚度超过3毫米的门窗玻璃。玻璃越厚，吸收的紫外光越多。另外，也可选用花纹玻璃、毛玻璃或含氧化钴和氧化锌的玻璃。这些玻璃具有很好的防紫外线辐射功能。

家具陈设的照灯应当选用无紫外线灯具。通常来说，钨丝灯的紫外线要少于荧光灯。紫外光含量大的照明灯具，在使用的时候，可以加上紫外线过滤片（玻璃片或树脂片均可），也可以用紫外线吸收剂将有害的部分过滤掉。

6.防火

木料家具极易被烧毁。因此，在陈放家具的场所，应当有严格的防火措施：

制定各项防火制度。例如，陈放场所不得吸烟，不能有生活和生产用火；禁止存放木料、柴草等可燃、易燃物品；严禁将液化石油气、煤气等引入室内；安装电灯及其他电气设备时，必须符合安全技术规程等。

配置灭火器、防火水缸、防火沙箱等消防器材和水源设施，若有条件，可安装烟火报警器；掌握消防常识，熟悉消防器材的使用方法和存放地点；定期检查消防设备。

陈放家具的室外通道必须保持畅通，一旦发生火警，有利于抢救和灭火。

7.及时修理

家具在使用过程中，若不慎发生损坏，或是部件掉落时，要及时进行维修。如果遇到较大的损坏，就要请专门的修理作坊进行修理。在胶合部件时，要选用骨胶，忌用白胶，否则会留下后遗症。

黄花梨禅凳（一对） 清代

长52.5厘米，宽52.5厘米，高49.5厘米

禅凳为佛门信徒打坐用，尺寸一般要大些。此禅凳以黄花梨木制，采用所谓"圆包圆"形制，座面采用剞边的形式，圆腿直足有侧脚，四腿间施罗锅枨，上施一对双环卡子花。禅凳光素，无繁复的雕工，黄花梨木色泽优美，其中显示出了明式家具的韵味，很有看点。

黄花梨花几　清代
长59厘米，宽44厘米，高68.5厘米

黄花梨镶大理石座几　清代
长22.9厘米

黄花梨带屉马蹄腿小桌　清代
长85厘米，宽38厘米，高75厘米

黄花梨闷户橱　清代
长127厘米，宽45厘米，高86厘米

黄花梨木架几案　清代
长305厘米，宽55厘米，高98厘米

黄花梨一腿三牙条案　清代
长150厘米，宽75厘米，高83厘米

黄花梨夹头榫平头案　清代
长153厘米，宽60.5厘米，高80.5厘米

黄花梨琴桌　清代
长102厘米，宽52厘米，高83厘米

黄花梨裹腿罗锅枨加卡子花条桌　清代
长118厘米，宽70厘米，高83.5厘米

黄花梨罗锅枨酒桌　清代
长111厘米，宽55.5厘米，高84厘米

黄花梨有束腰展腿式半桌　清代
长103.5厘米，宽64厘米，高87厘米

黄花梨裹腿花几（一对） 清代
长58.5厘米，宽50.5厘米，高80.5厘米

黄花梨束腰半桌 清代
长240厘米，宽40厘米，高72厘米

黄花梨束腰半桌 清代
长111厘米，宽46.5厘米，高82厘米

黄花梨圆桌 清代
面径86厘米，高83.5厘米

黄花梨账桌 清代
长90.5厘米，宽90.5厘米，高89.5厘米

黄花梨圆角柜 清代
长87厘米，宽47厘米，高89厘米

8.定期上蜡

蜡能起到保护家具的作用，因此，古典木家具一定要定期上蜡。旧时曾有用胡桃肉揩擦红木家具的方法，这种方法较为原始，也极为不便，现在可用"碧丽珠"家具护理喷蜡揩擦，它使用简便，既能去污，又能上蜡保护。

黄花梨方桌　清代
边长90厘米，高87厘米

此方桌选黄花梨为材，桌面格角榫攒边打槽平镶面心板。边抹冰盘沿自中上部向下内缩成凹槽，再向下内缩至底压窄平线。面下束腰浮雕卷草纹。束腰下壶门牙头、牙条浮雕宝相纹。边缘起线与腿足交圈，方腿内翻马蹄足。

黄花梨罗锅枨半桌　清代
长90.5厘米，宽46厘米，高83厘米

半桌为黄花梨木制，桌面边沿与牙条为一体，为劈料裹腿做。四腿间安裹腿罗锅枨，枨上部与牙条相抵，又与劈料牙条成为一体。圆腿直足，装饰手法独特。用裹腿劈料做牙枨，具有返璞归真的竹藤家具的效果。

黄花梨小炕桌　清代
长89厘米，宽47.5厘米，高29.5厘米

此桌选黄花梨用材。桌面格角榫攒框落堂镶板，边抹冰盘沿自中上部向下内缩成凹槽再向下内缩至底压窄平线。面下打洼束腰。壶门式牙条边缘起阳线与腿足交圈，牙条高浮雕双螭龙纹。四腿肩部高浮雕卷叶纹。牙条、腿足采用鼓腿彭牙式制作，内翻回纹马蹄足。

黄花梨双龙戏珠五屏镜台　清代

长49厘米，宽28厘米，高61.5厘米

　　黄花梨镜台，五屏式，中扇最高，两侧低，向前兜转。正中绦环板透雕双龙戏珠，两侧则为凤穿牡丹及寒梅独放，构图饱满，刀法运用灵活自如。雕琢自然，情貌透出韵律感，别具匠心。每屏搭脑圆雕龙头，前端围栏设有双狮对望。台座设抽屉五具，三弯腿足小巧别致，设壶门式卷草纹牙板。

黄花梨二人凳　清代

长114厘米，宽54厘米，高91.5厘米

　　此二人椅选黄花梨为材。左右扶手、靠背攒接拐子纹，背板中间上部圆形开光光素无雕饰，下部透雕卷草纹，座面格角榫攒框落堂镶板，边抹冰盘沿自中上部向下内缩成凹槽再向下内缩至底压窄平线。下承打洼束腰。鼓腿彭牙无雕饰。内翻马蹄足。此凳为苏作家具代表，保存完好。

9.防蛀防虫

　　木材容易被虫蛀咬，虫害多为各种白蚁和蛀木虫。家具收藏爱好者可以采用置放樟脑等化学防蛀法。中国古代使用的传统防虫药物有多种，如秦椒、蜀椒、胡椒、百部草、芸草、莽草、苦楝子等植物和雄黄、白矾等矿物，收藏者可借鉴使用。

　　流传至今的明清家具，大致有三种保存状况，即无需修复、已经修复和尚待修复。其中多数处于第三种保存状况。这部分家具大都有不同程度的损坏，如构件残缺、榫结构松动、局部腐朽等。

　　为了最大限度地保存古代家具的文物价值，在进行修复时，应当严格掌握"按原样修复"的原则。具体而言，就是必须按照古代家具原有的制作手法、形制特征、材料质地和构造特点来进行修复，不得随意添加、拆改，不得改变原物的面貌及完整性。在修复之前，要仔细地观察和推敲，制订具体详细的修复计划，然后再动手操作。在修复过程中，切忌使用铁钉，更不可在榫结构内使用高分子化学黏合材料，以防破坏古家具易于拆修的传统特点。

　　传世的家具中，完好无损的极少，大都是经过修复后的实物。因此，鉴定家具的修复质量，是确定家具价值的重要手段。家具修复的标准包括"修旧如旧"和"按原样修复"。要达到这一标准，一定要采用原有材种、传统辅助材料和传统的工艺，再加上过硬的操作技术。要对家具的修复质量进行鉴定，首先可看原部件和原结构的恢复情况。凡是形式、结构、材种、风格和做工与原物保持一致的，都可视为高质量的修复。而那些在修复中已"焕然一新""脱胎换骨"以及做工粗糙，依靠嵌缝、上色的，原物价值都会受损，属于修复失败之品。其次，要检查修复中是否采用了竹钉、竹销、硬木销、动物胶等传统辅助材料，是否被化学黏合剂、铁钉等现代材料所取代。采用传统的辅助材料，能够最大化地保持家具易于修复的特点，从而保护珍贵的传世家具。

除大量经过修复的家具之外，传世的家具中，还有一部分是从未修复过的。这部分家具中只有少量是完好无损的，大部分都有这样或那样的缺陷，如松动、缺件、散架、豁裂、折断、腐朽、变形等。因此，要判定家具保存是否良好，主要是看其结构是否遭到了破坏，破坏的程度如何，零部件是否有丢损，丢损了多少。那些构件基本完整、原结构未遭到破坏，仅是散架或是松动的家具，仍可算作是保存完好的。而那些由于变形、折断、缺件、豁裂和腐朽，必须更换构件的家具，无法保持完整的原物价值。其价值的高低，主要取决于修复后主体结构的保存情况。

黄花梨供案　清代
长106厘米，宽59.5厘米，高84厘米

　　供案为黄花梨木制，三弯腿式。桌面攒框镶板，面下束腰，直牙条。牙条与腿交圈，形成鼓腿彭牙。外翻卷叶纹马蹄足，足踩托泥。供桌多为寺庙佛堂供奉之物，也可供奉祖先、财神、关公等中国传统文化元素。属于礼器类家具，制作规矩、用料选材、设计工艺要求高于一般生活用家具，这在此供桌上也得到充分体现。整体造型庄重、线条优雅，材质优良，色泽秀美，包浆保存完好，为明式家具中难得的收藏珍品。

黄花梨香几（一对） 清代

长44厘米，宽25.8厘米，高75厘米

此对香几采用黄花梨制。桌面攒框平镶面心板。边抹冰盘沿自中上部向下内缩成凹槽，再向下内缩至底边起边线。面下有束腰无雕饰，与牙条一木连做。四腿上部装罗锅枨，上施一对矮老。四腿下部装冰盘。四腿外圆内方，直足。

黄花梨夹头榫带屉板酒桌 清代

长101.5厘米，宽48厘米，高83.5厘米

此桌桌面攒框镶板，独板面心。纹理优美，色泽艳丽。边抹冰盘沿上舒下敛至底压边线。圆腿直足，腿足上端开口，嵌夹带作肩牙头的素牙条。桌面下装一屉板，增加了使用空间和面积，侧面两腿间各置一根横枨。此案整体造型古朴，光素简洁，优雅高贵。

黄花梨裹腿罗锅枨加卡子花条桌 清代

长118厘米，宽70厘米，高83.5厘米

此桌设计受竹制家具或藤编家具影响，也是从构件起单混面加卡子花这类仿竹材家具中演变产生的。通体黄花梨木制，桌面以标准格角榫攒边打槽平镶面心板，下装三根穿带出梢支承。桌面沿为混面，牙条与枨均为裹腿双劈料。四腿间安劈料罗锅枨加扁圆形卡子花，圆腿直足。通体使用圆材，线条圆润柔和，造型简练舒展。以圆为主要造型的家具对于木匠更具挑战性，保持圆形规整与卯榫结构更难以驾驭，然而圆形腿家具却与中国古建筑的圆柱等更协调，更适宜文人、士大夫的审美观，因此成为明式家具之主要品种之一。

三、黄花梨制品保养中的禁忌

不要将钥匙等硬物混放在黄花梨制品面上，更不要在上面堆压重物，以免造成黄花梨变形、扭曲。

不要随便用水冲洗或用湿布擦拭黄花梨制品，避免用带有化学试剂的物品涂抹黄花梨制品。更不能用酒精、碱水等具有腐蚀性的化学品擦拭黄花梨，以免损毁、破坏木材的纤维。

切不可使用所谓的"御守盐"等物质清洗黄花梨。"御守盐"实质上是粗海盐，用它来浸泡"净化"黄花

黄花梨翘头案　清代

长195厘米，宽43.5厘米，高88厘米

　　此案通体采用黄花梨木。案面镶板，两端有下卷翘头。案面下直牙条，浮雕二龙戏珠纹饰，牙头浮雕螭龙纹，纹饰生动。腿部起灯草线，形成双混面双边线的形制，非常美观。两腿间挡板透雕螭龙纹。下有托泥，带龟脚。

黄花梨云纹台座　清代

长35厘米，宽14.5厘米，高7厘米

黄花梨凉榻　清代

长180厘米，宽71.3厘米，高84.3厘米

　　此件凉榻为黄花梨材质，正面与侧面围子用短材攒接成"卍"字图案。床座为标准格角攒边，四框内缘踩边打眼造软屉。边抹冰盘沿上舒下敛至底边缘起线。束腰与直牙条格肩接合方材直腿足，牙子沿边踩倭角线延续边接至腿足一气呵成。方材直腿内翻马蹄足。

黄花梨圈椅　清代

宽60厘米，深55厘米，高101厘米

梨，非但起不到养护黄花梨的作用，反而会极大地损伤黄花梨的木质，造成木质变色、变粗及开裂。

　　黄花梨堪称"木中黄金"，其价值甚至远远高于黄金。因此，无论是对于海南黄花梨的玩家、使用者，还是收藏爱好者而言，海南黄花梨的保养是非常重要的。只有对海南黄花梨制品进行细心保养，才能使其更加经久耐用，才更具有收藏价值和欣赏价值。

　　要对海南黄花梨进行保养，需要注意以下几个方面。

　　防晒。海南黄花梨要避免被阳光直射，以免导致木材变形、龟裂和酥脆。

　　防燥。防止由于过度干燥导致的干裂变形。

　　防潮。避免由于过度潮湿而造成的木材膨胀。若不小心洒到水，要及时吹干。

　　防火。海南黄花梨的含油量较高，制成的各种物品都属于易燃物，故需严格防火。

　　防虫。木质品时常会遇到鼠咬和虫蛀的情况，

黄花梨嵌绿纹石插屏　清中期
宽53厘米，高73厘米

黄花梨制品通常较为贵重，故在这方面需要特别注意。

四、日常保养常识

不得将海南黄花梨存放在潮湿的环境中。海南黄花梨制品要远离暖气和空调。当然，更不能放在太阳底下，观赏之后，可以将海南黄花梨制品用布遮盖起来。有条件的可以用玻璃将其罩起来。

注意不要让海南黄花梨制品碰水，木材在受潮后易膨胀，而干了之后，木材的毛孔会变大甚至开裂。因此，若不慎碰水，就要马上用干布擦干。

日常清理一般只需用棉布将家具表面的灰尘拭去即可。同时，黄花梨家具也不可过分干涩，每隔两或三个月，可以用棉布包裹核桃仁，轻轻擦拭黄花梨家具。同时定期擦蜡。

可用搓澡巾用力地搓黄花梨家具的表面，清洁表面的蜡层和脏色并进行抛光，每隔2~3天可搓一次，每次2~3小时。

此外，还可用柔软的棉布盘搓一个星期的方法进行抛光。此时软布的表面上会有痕迹，这属于正常现象。一个星期之后，软布上的痕迹就会变淡。

对于小型黄花梨制品，如佛珠，可将其自然放置一个星期，使珠子自然干燥，并使其表面均匀地与空气接触，从而形成均匀细密的氧化保护层。

然后开始手盘。一定要用刚刚洗过并且已经干透的手来盘玩，汗手不能直接盘。需要注意的是，孔口周围一定要盘到，每日可盘半个小时左右，一个星期到两个星期之后，你会感觉上面有黏阻感，此即包浆。

这时可以将物品放置一个星期左右，使其自然干燥，同时让包浆进行一定程度的硬化。

将上述过程重复5~6遍，也就是大约3个月的时间，你会看到上面有一层很有灵气的光泽，有些像玻璃光泽。

需要注意的是，若物品脏了，可用微微湿润的棉布擦拭几遍，然后放置一段时间之后再盘玩。盘的时候最忌急功近利，要慢慢地，一个过程一个过程地来，随着制品的变化，你会获得一种精神上的愉悦。

黄花梨带托泥方形火盆架　清中期
长46厘米，宽20厘米，高20厘米

黄花梨霸王枨条案　清代

长169.5厘米，宽49.5厘米，高85厘米

　　桌面攒框镶独板，无束腰，牙板素工，抱肩榫结构。四腿内置霸王枨，既美观，又加强了牢固性。直腿内翻马蹄足。表现出简练质朴、典雅大方、俊美雅致之韵味。

黄花梨圆裹腿带抽屉小画桌　清中期

长97厘米，宽61厘米，高83厘米

黄花梨朝珠盒　清代

高14.5厘米，直径13厘米

　　盒为放置朝珠而作，器形规整，以黄花梨为材，胎体坚致，子母扣合，色泽沉穆典雅。

黄花梨随形树瘤笔筒　清代

高16厘米，直径18厘米

　　明末清初之际，文人崇尚天然之趣，喜以自然形象制作文房器，于简约中彰显雅兴，随形笔筒成一时风尚。此笔筒外壁树瘤满布，沟壑纵横，质朴自然。

黄花梨双龙捧寿底座 清代

长35厘米，宽17厘米，高11厘米

　　黄花梨制底座，面平，直壁，前后牙板镂空双龙捧寿图，挂牙垂至底足，器型虽小，但巧妙细腻。

黄花梨瘿木面下卷琴桌 清晚期

长126厘米，宽39.5厘米，高84厘米

　　琴桌以黄花梨为材，桌面攒框镶瘿木板，呈卷书案形式，牙板采用攒拐子的方式，下卷柔软有度，卷书状末端各雕刻两保灵芝。腿足间置两根横枨，枨间设券口牙子。

黄花梨嵌楠木联二橱　清晚期
长99.1厘米，宽49.2厘米，高78.1厘米

黄花梨柜（一对）　清晚期
长72.4厘米，宽40.7厘米，高114.2厘米

黄花梨条桌　清晚期
长109.5厘米，宽52厘米，高84.5厘米

黄花梨雕龙凤纹条案　清乾隆
长192.7厘米，宽41厘米，高89.8厘米

黄花梨交椅　民国
长68.5厘米，高102厘米

　　交椅是明式家具中较早出现的品种。此交椅由黄花梨制成，圈背式。交椅扶手五接，接处各以黄铜饰件加固，两端出头回转收尾。靠背板上端与搭脑正中相接，两侧带曲型窄角牙，上方雕一朝面双龙如意云纹。交椅的支腿接于扶手后部，扶手与鹅脖间及弯腿处有小角牙，下接横枨，带可依轴转动的脚踏，后腿上接前座横枨，下接赶脚枨，木材相接及腿足交处皆有铜活或以铆钉加固。此交椅造型优美，保存完好。

黄花梨小方凳（一对） 民国

长34.7厘米，宽34.7厘米，高45.5厘米

通体以优质黄花梨木制就，座面攒框镶板，冰盘沿上疏下敛至压边线。束腰打洼，线条流畅。束腰下牙条浮雕梅花纹，牙头裹腿，外展。四腿间施罗锅枨。圆腿直足。方凳一对，小巧玲珑，制作工艺高超，设计优美大方，具备中国古典家具的韵味特色。

黄花梨开光绦环板床 民国

长134厘米，宽66.5厘米，高50.5厘米

床为黄花梨大料制就，床面沿为混面，牙条与枨俱为床面等宽，长短枨裹腿相交，俗称"裹腿做"。枨上加矮佬，与腿外侧齐在一线，形成矩形空格，镶以绦环板，板上开光。圆柱形腿，用料硕大，包浆保存完好。

黄花梨罗汉床 民国

长218.5厘米，宽130厘米，高85厘米

整器优质珍贵黄花梨制就，三面围板攒接菱格，床面攒框镶席面。下有打洼束腰，鼓腿彭牙直牙条，内翻马蹄足。罗汉床整体光素，雕饰甚少，用料甚大，制式简洁大方，极具明代家居风采。

黄花梨吴昌硕题"静观"匾　民国
宽44厘米，高98厘米

花梨木麻将桌　民国
长85厘米，宽85厘米，高84厘米

花梨木麻将桌　民国
长87厘米，宽87厘米，高83厘米

花梨蛋形凳（一套四只）　民国
长41厘米，宽34厘米，高49厘米

附录

中国家具的起源与发展

一、家具概说

人类生活与家具有着密不可分的关系，要生存就必须有居住的地方，即使穴居山洞之中，也要有生活器具。原始先民在使用石器的年代已经用石块堆成原始家具"Ⅱ"，这就是后来家具的雏形。大约在神农氏时代，人们为了避湿御寒用植物枝叶或兽皮作坐卧之具，这就是最古老的家具——席。席地而坐的生活习俗即从此开始。席在相当长的一段时间内，至少在先秦时期仍是重要的坐卧用具，可谓是床榻之始祖。石器时代的家具，从出土的情况看仅有席子。

商周时期的青铜器中，出现了铜俎和铜禁。俎、禁是祭祀用的礼器，俎为切割牲畜时置牲的用具，禁为设置供物的器具。俎、禁为后世家具几、案、桌、椅、箱、柜等的原始雏形。从出土的周代曲几、屏风、衣架、春秋战国漆俎、漆几以及河南信阳长台关战国墓出土的彩漆大床、雕花木几、漆箱等，可以大体知道我国早期家具已有床、几、案、箱、屏风等。这些家具无论髹饰、雕刻还是彩绘技艺，均已达到了相当高的水平。

汉代除席地而坐的习俗外，还出现了一种曲腿坐榻的习俗。当时床榻比较低矮，床为卧具，形体较大，榻主要待客而用，相对较小，也有多人合坐的连榻。榻床边多设置屏风，床榻前配有几案，但都很低矮。汉代的食案与后世的托盘高度相差不多，但有矮足，"举案齐眉"中所说案即是这种矮足食案。翘头案在汉代也已出现。东汉灵帝时，北方游牧民族的胡床传入中原。胡床类似后世的马扎，这是一种高足坐具，它适应游牧民族的生活特点，可以折叠，易于携带，后来声名显赫的交椅即为胡床演变而来。

魏晋南北时期，由于佛教的影响和各民族文化交流融合，高型家具逐渐面世，垂足而坐的风俗开始出现。高型坐具的品种不断增加，相继出现了椅、凳、墩、双人胡床等。高型坐具的出现，带来了新的起居方式，极大地冲击了中国传统起居方式，从此以后，传统的席地而坐不再是唯一的起居方式。此时的家具装饰图案也一改以往的以龙凤为主的动物鬼神纹饰，出现了与佛教有关的莲花纹、飞天等纹饰。如甘肃敦煌285窟西魏壁画

青铜俎　春秋

青铜龙纹禁　西周

中"山林仙人"的画像，仙人盘坐在一把椅子上，这是中国家具史上最早的椅子形象。这把椅子与以往的坐具明显不同，椅子两边有扶手，后有靠背，搭脑出头，与后世的灯挂椅非常相似。壁画上还有一把带脚踏的扶手椅，这把扶手椅较高，其座部的高度和扶手高度，与后世的椅具高度没有多少差别。此壁画中仙人完全垂足而坐椅上，显示了此时期相似于现代的坐具已具雏型。

唐代是我国传统的起居方式从席地而坐向垂足而坐逐渐转变的过渡时期，即高型与矮型家具的共存时期。

大唐盛世，经济繁荣昌盛，文化丰富多彩。由于建筑业的兴旺发达，歌舞升平的生活环境需要室内空间宏大宽敞，这为家具的发展提供了极富想象的空间。唐代家具厚重宽大、气势宏伟，线条丰满柔和，雕饰富丽华贵。髹漆家具上已使用螺甸镶嵌技艺。壶门装饰在床榻上也属常见。

五代虽然也是高型家具与矮型家具的共存时代，但垂足而坐的风俗已逐渐普及，高型家具似乎已形成完整的组合。我们从五代画家周文矩的《重屏会棋图》《宫中图》，顾闳中的《韩熙载夜宴图》及王齐翰的《勘书图》等画中可以看到，当时的家具比例尺度非常符合人们垂足而坐的生活习惯。五代高型家具形制已经齐备，功能区别也日趋明显。四足之柱状与传统壶门构造的高型家具已经逐步确立了自己的地位。

五代家具的造型和装饰也与唐代不同，其一改大唐家具的厚重圆浑为简秀实用，为宋制家具开启了质朴的风气。

宋至明前期，家具的发展达到空前的规模与水平。宋代家具以框架结构为基本形式。其家具的种类之齐全、式样之繁多是宋代以前的任何时期都无法比拟的。宋代还产生了抽屉橱、炕桌、琴桌、折叠桌、高几、交椅等新的家具样式，极大地丰富了家具的品种和功能。宋代椅凳的样式更是丰富多彩，且造型更为清秀坚挺，有带托泥的长方凳和四周开光的大圆墩，还有四出头官帽椅、灯挂椅、圈椅、交椅、斜靠背椅等。

宋代家具制作工艺日益精湛，使用了大量素雅的装饰线脚和构件，如牙条、矮老、罗锅枨、霸王枨、高束腰、托泥下加龟脚、马蹄脚、雕花腿等。家具造型极富变化，其中桌椅腿足的变化尤为显著，为明代家具的发展打下了坚实的基础。

元代家具基本上以沿袭宋制为主，变化不是很大。抽屉桌是元代的新兴家具，如山西文水北峪口元代墓壁画中的长方形抽屉桌，桌面下有两个抽屉，屉面上有吊环，三弯腿、带托泥，其造型豪放雄壮，为前代所无。

明代家具是我国家具发展史中的一座高峰，这一时期制作的家具被后世誉为"明式家具"。明式家具并不包括明代早期所制的漆木家具，而是指当时以黄花梨、紫檀、鸡翅木、铁力木、乌木、红木等硬木及榉木、榆木、楠木、核桃木等白木制作的高级家具。由于这些材质本身色泽纹理华美，所以明式家具少有髹漆，仅上蜡打磨以突出木质的自然美感。

明代城镇发展迅速，商品经济繁荣，对家具的需求急剧增加，且已形成社会时尚。加之海外贸易的发展，郑和七次下西洋，带来了大批优质的木材，如紫檀、黄花梨、鸡翅木等，对明式家具的发展起到了非常重要的作用。

明代贵族大肆修造私宅和园林，这些豪宅府邸的家具陈设大都为明式家具。由于不少文人参与设计，家具的样式自然也包含了文人崇尚古朴典雅的情愫。因此明式家具恬淡宁静、素洁脱俗、内敛简约，蕴含着极强的文人气息和艺术风格，且制作工艺一丝不苟、精致考究，长期以来一直备受世人仰重。

明人在家具的设置上讲究空灵明快、舒展大方、实用为先。明代文震亨《长物志》中对家具设置有着极为精到的论述："位置之法，繁简不同，寒暑各异，高堂广榭，曲房奥室，各有所宜。"

清代早期，家具制作依然沿袭着明代的一贯做法，并有不断改进和提高，且技艺更为精巧，传世的不少明式家具精品，大都是这一时期制作的。到了雍正、乾隆年间，家具制作风格一改前期挺秀、隽永、质朴的书卷气息，变得极为浑厚豪华、气势非凡。用料粗硕宽绰，造型雄伟庄严；装饰上极为繁缛，力求富贵华丽。并大量选用玉石、象牙、珐琅、贝壳等名贵材料雕嵌镶填，多种工艺并用，使家具周身装饰几无空白之处，其富丽堂皇达到了空前绝后的境地，因而形成了家具中的乾隆风貌，世称"乾隆工"。这些家具被后世称为"清式家具"，也有称"宫廷家具"，颇多迎合当时皇家官宦追求虚荣的意趣。

清代晚期，社会经济日衰，家具装饰过多过滥，以致堆砌愈加繁琐，尤其是椅具线条粗重笨拙，尺度不符合人体舒适的功能需求，风格也少有韵味。这种偏重形式、不求实用的做法，终因华而不实使清代家具走向末路。

但是清代的民间家具尤其是榉木家具并没有受到太多的影响，它们仍遵循以实用为先的准则，大体沿袭着质朴、简洁、实用的传统风格。有的形制依然与明式家具形同孪生。

二、先秦家具

1.家具的起源——席

中国古代，人们"席地而坐"，最早、最原始的家具便是坐卧铺垫用的席。席的产生，约在神农氏时代。考古界发掘出土的最早实物有新石器时代的蒲席、竹席和篾席等，距今已有五千多年的历史。之后，从夏、商、周一直到两汉时期，我们的古人在居室生活中始终没有离开过席，席便成了这一时期最主要的家具。

首先，古人将"席"与"筵"结合在一起，形成了一套"重席"制度。一方面，用它来防潮避寒；另一方面，根据不同的习俗和需要，在日常生活中以设席的方式来表现各种规制和礼节。故《周礼》有所谓"王子之席五重，诸侯三重，大夫再重"的记载。

那时，古人无论是生活起居，还是接待宾客，都在室内布席。不过，"席不正不坐"，于是就有所谓"君赐食，必正席先尝之"等各种各样的规矩和习惯，如在《礼记》中有"席，南向北向，以西为上，东向西向，以南为上"等规定。在古籍中，我们常能看到许多"连席"或"割席"的生动故事，因身份或志趣的不同，坐席也有明显区别。由此可见，中国古代家具从一开始就蕴含着极其丰富而深邃的文化内涵。

当时使用的筵和席有很多种类，从选用材料到编制织造，大多十分讲究。《周礼·春官》中记载的"莞、藻、次、蒲、熊"，就是运用不同材质分别制成不同花纹和色彩的五个品种，它们都以各自的特色，满足各种不同的要求。《尚书·顾命》里所提到的"丰席"和"笋席"，均是经过特别选料，精致加工的优质竹席。

总之，席这种最古老的家具，不仅是中国古代"席地而坐"的生活用品，而且是古代习俗和礼仪规制的直接体现，是中华民族物质文化的重要组成内容。

2.木制家具的肇始——彩绘木家具

1978～1980年间，中国社会科学院考古研究所山西工作队等单位在山西襄汾陶寺龙山文化墓地发掘出土了中国迄今最早的木制家具，为中国史前家具展现了光辉灿烂的一页。这些家具中最具代表性的有木几、木案和木俎。木几平面均为圆形，圆周起棱边，下置束腰喇叭状的独足；几面直径多在80厘米以上，通高30厘米左右。木案的"形状很像一个长方形的小桌"，平面通常为长方形或圆角长方形，在一长边与两短边间构成壶形板足，有的在另一长边中还加置一圆柱形足；案长90～120厘米，宽25～40厘米，高10～18厘米不等。木俎大多为四足，用榫与俎面的榫眼相接，长方形俎面较厚，长50.5厘米，宽30～40厘米，俎高12～25厘米。

这些木制家具的器身表面大多施加彩绘，有的单色红彩，有的以红彩为地，再绘彩色花纹。由于埋藏在地下四千多年，木胎已经完全腐朽，经考古工作者采用科学方法起取出土、复原后，真实地再现了古代早期家具的肇始形态，为研究中国古代史前家具实物填补了空白。

3.商周青铜家具

商周是中国古代青铜器高度发达的时期，古代家具通过青铜器的形式，为我们留下了这一历史阶段中最珍贵的实物资料。被鉴定为殷商器的青铜饕餮蝉纹俎，就是一件较早的青铜家具。该俎造型别致，纹饰精美，具有很高的艺术价值。西周时期的四直足十字俎和商代壶门附铃俎，也都是极其珍贵的青铜家具实物。

1976年在殷墟王室妇好墓出土的青铜三联甗座，高44.5厘米，长107厘米，重113千克，六足，四角饰牛头纹，四外壁饰有相互间隔的大涡纹和夔纹。座架面上有三个高出的圈，可同时放置三只甗，故名三联甗座。这件甗座不仅是一件不可多得的大型青铜器，更是一件典型的早期青铜家具。这件青铜甗座的出土，为我们进一步展示了商周时期中国古代家具独特的形式和极高的艺术水平。

青铜三联甗　商代

有足铜禁　春秋

　　与此类似的是放置各种酒器的青铜禁，实物有天津历史博物馆收藏的西周初年的青铜夔纹禁和美国纽约大都会艺术博物馆收藏的西周青铜禁。后者当年在陕西凤翔出土时，禁面上仍摆放着卣、觚、爵等十三件酒器。这两件青铜禁，都是不可多得的商周青铜家具。据古籍记载，禁可分为无足禁和有足禁。以上两件均是无足禁。1979年，河南淅川县楚令尹子庚墓出土了一件春秋时期的有足铜禁。铜禁长107厘米，宽47厘米，长方体，禁面中心光素无纹，边沿及侧面都饰透雕蟠螭纹，下面有十只圆雕的虎形足，禁身四周铸有向上攀附的十二条蟠龙。卓越的铸造工艺，使青铜家具的造型艺术达到了登峰造极的地步。

　　1971年，在河北平山县战国中山国王墓中出土的错金银龙凤铜方案，更是一件罕见的古代家具瑰宝。此案"设计造型之奇巧，制作技术之高超，装饰工艺之精湛"，出土以来，一直受到文物界、工艺美术界的高度重视，被视为古代物质文明的重要象征之一。

　　人们日常生活所需要的家具，总与同时代居室生活中的各类器物保持一致。青铜家具也和其他青铜器一样，不仅是青铜时代灿烂文化的标志，而且代表着中国古代家具的重要历史阶段。每当人们从后世的古典家具中看到与青铜器物造型的渊源关系时，就会更加深刻地认识到，一个民族的传统文化在物质文明史上所具有的重要意义和地位。

4.先秦漆木家具

　　中国古代家具的发展过程，一直是以漆木家具为主流，从史前的彩绘木家具，到春秋战国时期的漆木家具，反映着中国古代前期家具的主要历程。

　　先秦时代是中国历史上百家争鸣、文明昌盛的时期，社会的繁荣对物质文化的发展起着巨大的推进作用，加上铁制工具的普遍采用和高度发达的髹漆工艺，为漆木家具的发展提供了优越的条件。特别是在楚国，漆木家具的广泛应用，使家具品类迅速增多、质量提高。漆俎在战国楚墓中有时一次出土就多达几十件，表明该品种自商周以来已达到成熟的阶段。1988年6月，湖北当阳赵巷四号墓出土的一件漆俎，除俎面髹红漆外，其他均以黑漆作地，用红漆描绘十二组二十二只瑞兽和八只珍禽。禽兽在外形轮廓线内采用珠点纹装饰。该俎造型生动别致，画面图像形神兼备。瑞兽似鹿，俎纹取"瑞鹿"题材，应是楚人崇鹿时尚的体现。《礼记·燕义》还有"俎豆牲体荐羞，皆有等差，所以明贵贱也"的记载，说明这种精美而富有意味的漆绘家具，是当时社会宴礼待宾、祭祀尊祖的专用器物。

　　俎，在虞氏时称"梡"，夏后氏时称"嶡"，商代称"棋"，周代称"房俎"。河南信阳一号楚墓出土一

件黑漆朱色卷云纹俎，其两端各有三足，足下置横
跗，长99厘米，宽47.2厘米，高23厘米，规格比一般
漆俎大得多。这件大型的漆俎，考古界有人认为就是
房俎，可能是当时俎的一种新形式，已与漆案渐渐接
近。这也许就是之后俎很快被几、案替代的一个重要
原因。

先秦时代的漆禁与商代、西周的青铜禁有较大
的差异，如信阳出土的漆禁，其禁面浮雕凹下两个方
框，框内有两个稍凸出的圆圈圈口。出土时，在禁的
附近发现有高足彩绘方盒，其假圈足与此圆圈可以重
合。这说明，禁的使用功能不断扩大，造型也出现了
新的变化。

无论是在实用性还是在装饰性上，先秦时期
最富有时代性和代表性的家具是漆案和漆凭几。据
《考工记·玉人》记载："案十有二寸，枣栗十有二
例。"可见春秋战国时，案的品种类别，已日趋多样
化，并且多与"玉饰"有关，是一种比较新式的贵重
家具，因此大多造型新颖、纹饰精美。湖北随县曾侯
乙墓出土的战国漆案和河南信阳楚墓出土的金银彩绘
漆案，皆是这类漆木家具中最优秀的典范。

春秋战国的漆几，有造型较为单纯的H形几。这
种几仅采用三块木板合成，两侧立板构成几足，中设
平板横置，或榫合，或槽接，既有强烈的形式感，又
有良好的功能效果。较多见的是几面设在上部，两端
装置几足的各种漆几。根据几面的宽、狭，又可分为
单足分叉式和立柱横跗式两种类型。立柱横跗式的也
有多种不同的形制。在长沙刘城桥一号楚墓出土的漆
几，几的两端分立四根柱为几足，承托几面，直柱下
插入方形横木中，同时另设两根斜档，从横跗面斜向
插入几面腹下，使几足更加牢固，形体更加稳健。这
些先秦时期漆凭几的造型和结构，都足以使我们看到
先秦漆木家具在不断创新发展中取得的巨大进步。

春秋战国的漆木家具还有雕刻、彩绘精美的大
木床、工艺构造精巧、合理的框架拼合折叠床，双面
雕绘、玲珑剔透、五彩斑斓的装饰性座屏，以及各种
不同实用功能的彩绘漆木箱等等。它们无一不是春秋
战国时期漆木家具的优秀实例，是中国席坐时代居室
文明的重要标志。

H形漆凭几　战国

镶嵌龙凤方案　战国中期

彩绘漆俎　战国

三、汉唐家具的发展

1.汉代家具的发展

中国古代社会进入汉代以后，出现了繁荣昌盛的新局面，尤其在汉武帝时，无比强大的国力和思想领域的一统化，迅速加快了战国以来社会民风习俗的大融会。从此，中国成为一个地大物博、人口众多、以汉民族为主体的多民族国家，汉代的物质文化又发展到了一个更高的水平。

汉代统治阶层居住在"坛宇显敞，高门纳驷"的宅第中，过着歌舞娱乐、百戏宴饮的享受生活，与生活内容相适应的汉代家具也更加讲究起来。刘歆的《西京杂记》中就有"武帝为七宝床、杂宝案、侧宝屏风、列宝帐设于桂宫，时人谓之四宝宫"的描绘。

在江苏邗江县胡场汉墓中发现的一幅木版彩画，画幅上部绘有四人，墓主人端坐在一榻之上，衣施金粉、体态高大，其余三人都面向左呈拱手作揖或跪立状。画幅下部绘一帷幕，其下有一人坐在榻上，前置几案，案上有杯盘，几下放香熏，侍女跪立榻后；伶人彩衣轻飘，一倒立、一反弓，姿态优美生动；成双成对的宾客皆席坐在地，聚精会神地观赏表演；右边是击钟敲磬、吹笙弹瑟的乐队在进行伴奏。这幅反映墓主人生前欢乐生活的绘画作品，无疑也是汉代现实生活的形象记录，再现了当时居室生活与家具的真实情况。汉代时期，在"席地而坐"的同时，开始形成一种坐榻的新习惯，与"席坐"和"坐榻"相适应的汉代家具，在中国古代家具史上写下了新的篇章。

由商周时期的筐床演变而成的榻，到汉代已是日益普及的一种家具，故"榻"这个名称迟至汉代才出现。1985年，河南郸城出土了一件西汉石榻，青色石灰岩质，长87.5厘米，宽72厘米，高19厘米。榻足截面和正面都为矩尺形，榻面抛出腿足，造型新颖，形体简练。在榻面上刻有"汉故博士常山太傅天君坐（榻）"隶书一行，共十二个字。这不仅是一件罕见的西汉坐榻实物，而且更有迄今所见最早的一个"榻"字。汉榻一般较小，有仅容一人使用、实用而方便的独榻。简单的小榻还称"枰"。根据使用要求和场合的不同，东汉以后，更多的是供两人对坐的合榻，还有三人、五人合坐的连榻。从大量的汉代画像中可以看出，这些大型的汉榻不会小于卧床。

席坐文化时期，居室内常常采用帷幕、围帐来抵御风寒。到汉代，随着床榻的广泛运用，这一功能越来

《列女图》中的家具陈设　顾恺之　东晋

　　此图又名《列女仁智图》，内容为汉代刘向《列女传》人物故事。据宋人题跋，原有15段，至南宋已不全，现存10段，共28人。每段都有人名和颂辞。构图及人物形态都比较古朴。此图不但铁线描的线条刚健有力，与《女史箴图》《洛神赋图》中秀丽流畅的游丝描有别，而且特别强调晕染，表现出一定的立体感，女子眉毛多染朱色。此卷无款，原作久已散佚，今天所见的是最忠实原作的宋人摹本，难能可贵。与《洛神赋图》比较，此卷更显顾氏风范。

越多地被各种形式的屏风所替代。屏风布置灵活，设施方便，又能改变室内装饰效果，美化环境，因此，汉代的屏风成了汉代家具中最有特色的品种。统治者们都竭力追求屏风的豪华，如《太平广记·奢侈》所记载，西汉成帝时，皇后赵飞燕挥霍无度，所用之物极其铺张。有一次，她从臣下处得贡品三十五种，其中就有价值连城的"云母屏风""琉璃屏风"等。这些讲究材质和工艺的高级屏风，已成为当时一种珍贵的艺术品，在《盐铁论》中就有所谓"一屏风就万人之功"的描述。汉代屏风的最早实物有长沙马王堆出土的彩绘木屏。该屏风长72厘米，宽58厘米，屏风正面为黑漆地，红、绿、灰三色油彩绘云纹和龙纹，边缘用朱色绘菱形图案。背面红漆地，以浅绿色油彩在中心部位绘一谷纹璧，周围绘几何方连纹，边缘黑漆地，朱色绘菱形图案。屏风系座屏式，虽是一件殉葬品，但真实地展现了西汉初期屏风的基本风貌。

　　汉代屏风多设在床榻的周围或附近，也有置于床榻之上的，形式除座屏以外，更多的是折叠屏风，有两扇、三扇或四扇折的，金属连接件十分精致。各种屏风与后世的式样并无多大差异。可以说，在中国古代家具史上，屏风是流传最久远、最富有民族传统特色的品种之一。

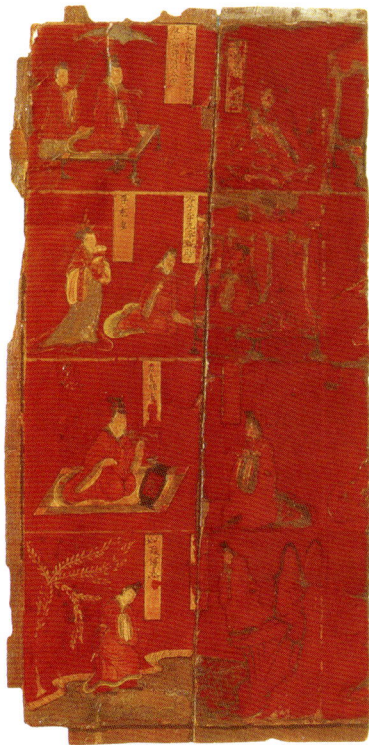

彩绘人物故事图漆屏风　北魏

　　与汉榻配置密切的家具除屏风外还有几和案。汉几多见置于榻上或榻前，以曲栅式的漆几最普遍。各种凭几大多制作精良，富有线条感。《释名·释床帐》云："几，庪也，所以度物也。""庪"即"藏"，故知汉几的功能不断扩大，有时还可以用它来放置东西，犹如案一样摆放酒食等，甚至供人垂足而坐。另外，在朝鲜古乐浪和河北满城一号西汉墓中出土的漆凭几，几足可作折叠，可高可低，根据需要可加以调节，其设计之巧妙，构造之科学，对中国古代家具的发展有着特殊的意义。

　　汉代家具中常见的案，在规格、形制和装饰方法上都出现了很大的变化。除漆案以外，还有陶制和铜制的，品种有食案、书案、奏案等各种类别，从各方面满足了社会的需要。至于汉代是否有桌，至今在认识上仍存在着分歧，但从一些画像砖和壁画等图象中，已经看到一些功能和形式都近似桌的家具。

　　综上所述，居室生活处在"席坐"向"坐榻"过渡时期的汉代，家具的品类和形式不断增多，功能也得到改善和提高。这一时期的家具，虽然依旧形体低矮，结构简单，部件构造也较单一，在整体上仍保持着古代前期家具的主要风格和特点，但家具立面的形式变化较丰富，榫卯制造渐趋合理，这些都为增进家具形体高度奠定了良好的基础。汉代家具在继承先秦漆饰优秀传统的同时，彩绘和铜饰工艺等手法日新月异，家具色彩富丽，花纹图案富有流动感，气势恢宏，这些装饰使得汉代家具的时代精神格外鲜明强烈。

2.魏晋南北朝家具的发展

魏晋南北朝时期，长期的社会动乱和国家的四分五裂，导致了中国古代社会体制的改革和变化。首先，汉族的传统文明与外来异族文明在相互交流中得到进一步的融汇和升华，产生了一次新的突破。同时，思想领域内儒、道、佛的互相影响和吸收，出现了许多新的文化基因。再加上新兴士族阶层在各个方面所起的催化作用，使传统意识中的跽坐礼节观念很快淡化，社会的生活方式和民风习俗得到了自由发展的契机。中国古代社会进入了一个较开放的历史阶段。

这时，人们生活必需的家具，既有继承传统的品种和式样，又有来自天竺国的形式，还有西域胡人传入的家具，从而使魏晋南北朝的家具形成了一种多元的局面。

在敦煌石窟285窟西魏时期的壁画中，有一幅山林仙人画像。仙人身披袈裟，神情怡然安详、姿态端正地盘坐在一把两旁有扶手、后有靠背的椅子上。这是中国古代家具史上迄今最早的椅子形象资料。它与秦汉时期的坐具明显不同，腿后上部设有搭脑，扶手的构造与后世椅子极其相像。除此之外，魏晋南北朝的新颖坐具有四足方凳、箱体形的凳子、细腰形圆凳和坐墩等。受汉灵帝"好胡服、胡帐、胡床……京都贵戚皆竞为之"的影响，胡床、绳床等家具也广为流行。上述家具几乎皆是前所未有的新品种和新形式。

依据魏晋南北朝出现椅子和胡床的现象，我们可以看到，中国古代家具吸收外来营养得到了一次新的发展和提高。此后，中国家具形成许多新的面貌。在世界坐具发展史上，中国古代的凳子、椅子比埃及和希腊等国家晚二十多年，中国古代坐具的发展无疑受到世界各国家具的影响，但任何民族历史的发展，主要取决于民族自身的内部因素。从先秦到两汉，随着居室生活的演进，中国古代的家具不断选择自己需要的形式。如最具有

《列女古贤图》中的家具

漆屏风画始于周代，兴盛于汉、魏、六朝，是封建上层社会享用的奢侈品。出土于山西大同北魏司马金龙墓的屏风画共五块，内容主要是表现帝王、将相、列女、孝子以及高人逸士的故事。这幅画中的人物造型具有"秀骨清像"的特征，技法上采用色彩渲染及铁线描手法，富有节奏感及形体质感。此为我国首次发现，填补了北魏前期北朝绘画的空白，具有十分重要的价值。

传统特色的屏风与坐榻，到魏晋南北朝期间，其坐身上部的围屏已完全失去了秦汉时屏风与榻组合作用的意义，虽然坐身仍然形体低矮，但围屏高度的比例已显著下降。这种仍称为"围榻"的坐具，与后世的一些椅子形式有着异曲同工之妙。这一传统古典式的坐具，在中国古代家具史上起着承前启后的作用。

至于胡床之类发家具，在中国古代家具史中，它始终只是保持着一种外来的式样，作为我们民族居室生活中的一种补充和点缀，它的出现并没有改变中国古代家具的悠久传统。中国古代的坐具，仍是一如既往地在适应本民族生活环境中不断推陈出新，并从形体到结构上建立起一个完整独特的体系。

在魏晋南北朝时期，家具制造在用材上日趋多样化，除漆木家具以外，竹制家具和藤编家具等也给人们带来了新的审美情趣。总之，在这个文化交融的历史时期，民族的物质文化也日新月异，中国古代家具在继承传统和吸收外来营养的过程中，又展现出了新的风彩，实现了新的历史价值。

3.隋唐家具

隋朝共三十七年，是一个十分短暂的时代，家具大多沿袭前代的形式。1976年2月，在山东嘉祥县英山脚下发现了一座隋开皇四年（584）的壁画墓，墓室北壁绘有一幅《徐侍郎夫妇宴享行乐图》。图中设山水屏风的漆木榻上，有足为直栅形的几案，以及供女主人身后背靠的腰鼓形隐囊等，与南北朝的家具一脉相承。

繁荣强盛的唐代，是中国封建社会又一次高度发展的时期，在手工业极其发达和社会文化高涨的大氛围中，时代精神蒸蒸日上，诗、文、书、画、乐、舞等等，进入了空前发展的黄金时代。充满琴棋书画、歌舞升平的文化生活环境，也赋予唐代家具丰富的内涵。家具除了随着垂足而坐的生活方式开始出现各种

《历代帝王图》中的家具陈设　阎立本　唐代

　　此图描绘了从西汉至隋朝十三个皇帝的形象。画家力图通过对各个帝王不同相貌表情的刻画，揭示出他们不同的内心世界、性格特征。那些开朝建代之君，在画家笔下都体现了"王者气度"和"伟丽仪范"；而那些昏庸或亡国之君，则呈现猥琐庸腐之态。画家用画笔评判历史，褒贬人物，扬善抑恶的态度十分鲜明。人物造型准确，用笔舒展，色彩凝重。

《六尊者像》中的家具陈设　卢稜伽　唐代

　　《六尊者像》共六开（此处所选为其中的一开），应是卢氏《十八罗汉图》的留世部分。图中描绘的六位尊者分别是：拔纳拔西尊者、嘎纳嘎哈拨喇镊襟尊者、租查巴纳塔嘎尊者、锅巴嘎尊者和俗称降龙、伏虎罗汉的嘎沙雅巴尊者、纳纳答密答喇尊者，均列位于十八罗汉之中。作者采用游丝描勾画人物，具有较鲜明的特色，线描流畅，具有较强的力度与柔韧性，动感较强烈，设色浓艳，艺术水平较高。人物气势收弘、超尘脱俗，显示出早期佛教人物威严尊贵而又带有世俗化的特点。《六尊者像》的创作技法比较古老，人物形象塑造略带夸张，在表现人物"神"的方面尚不尽完美，这一切都显示了道释人物画自唐、五代至宋发展的水平。

椅子和高桌以外，在装饰工艺上也兴起了追求高贵和华丽的风气。

　　具有时代特征的唐代月牙凳和各种铺设锦垫的坐具，不仅漆饰艳丽、花纹精美，且装饰金属环、流苏、排须等小挂件，显得五光十色，光彩夺目。瑰丽多彩的大漆案以及各种具有强烈漆饰意味的家具，与当时富丽堂皇的室内环境取得了珠联璧合、和谐得体的艺术效果。这种家具的装饰化倾向，在各类高级屏风上更显得无与伦比，受到当时诗人们的歌咏和赞叹。"屏开金孔雀""金鹅屏风蜀山梦""织成步障银屏风，缀珠陷钿贴云母，五金七宝相玲珑"以及"珠箔银屏迤逦开"等等生动的描绘，为我们展现出了一幅幅金碧辉煌、珠光宝气的屏风景象。这些屏风象征着当时人们的审美理想，说明人们在追求金、银、云母、宝石等天然物质美的同时，还格外热衷于精神文化在家具中的体现。因此，唐代出现了许多高级的绢画屏风，如新疆吐鲁番阿斯塔那出土的唐代绢画屏，八扇一堂，绘画精致，色彩富丽堂皇。在唐代壁画墓中，还能见到仕女画屏风、山水屏风等等，都具有很高的文学性和艺术性。据文献记载，这种画屏价值很高，当时"吴道玄屏风一片，值金二万，

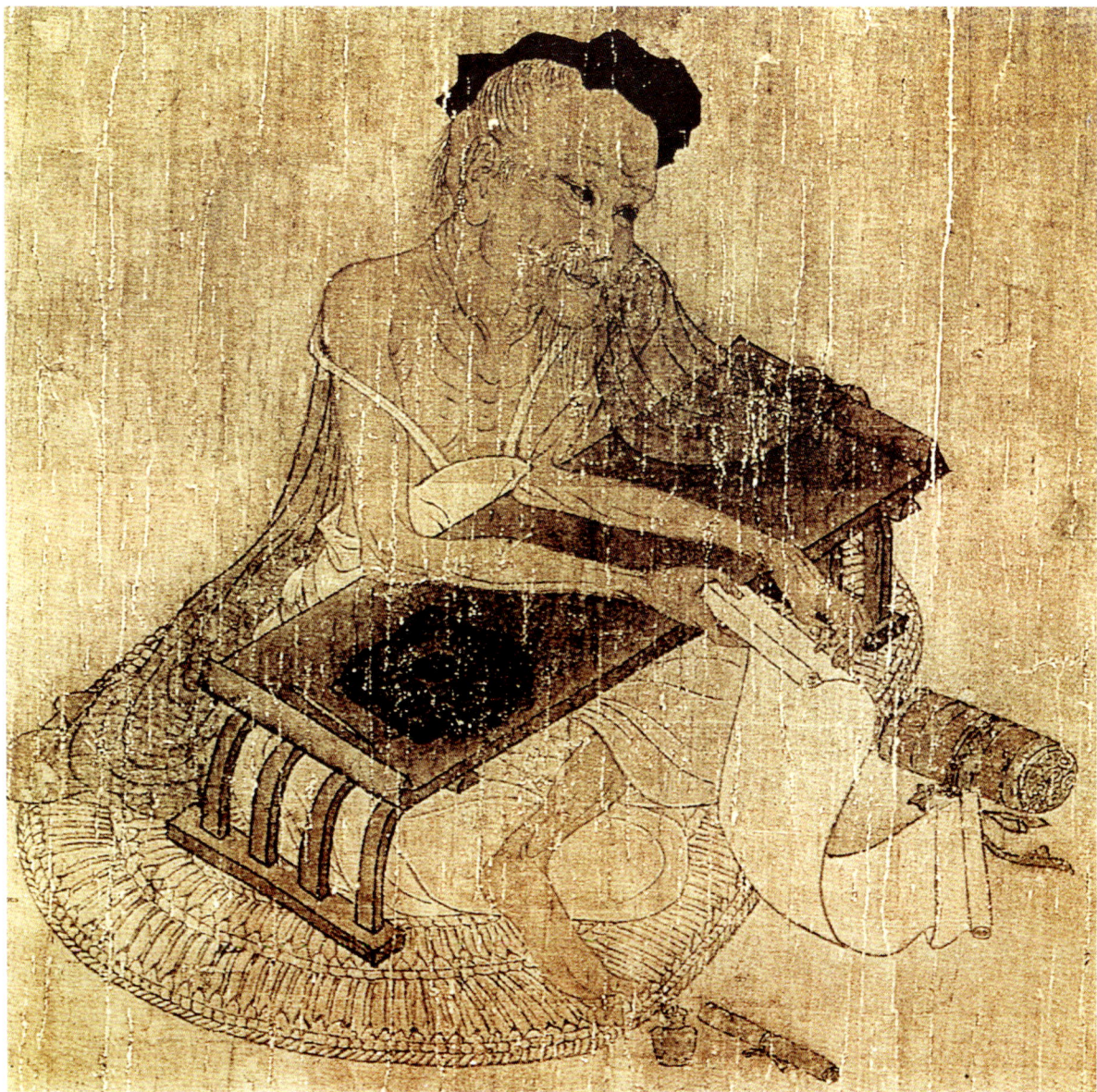

《伏生授经图》中的家具陈设　杜堇　唐代

　　此图描绘了伏生在讲授典籍的情景。图中的伏生形象清癯苍老，手持书卷，席地而坐，似正在认真讲授。其神情专注而和蔼。线描手法高超，敷色清雅。

次者值一万五千；阎立德一扇值金一万"。如此昂贵的画屏价格，足以证明唐代家具在人们日常生活中所具有的重要地位。

唐代是高形椅桌的起始时代，椅子和凳开始成为人们垂足而坐的主要坐具。唐代的椅子除扶手椅、圈椅、宝座外，还有不同材质的竹椅、漆木椅、树根椅、锦椅等等。众多的品种、用材、工艺，充满着浓郁的时代气息。唐代高形的案桌，在敦煌85窟《屠房图》、唐卢楞伽《六尊者像》中也有具体的形象资料，如粗木方案、有束腰的供桌和书桌等等。另外，唐代还出现了花儿、脚凳子、长凳等新的品种。当然，唐代在一定程度上还未完全离开以床、榻为中心的起居生活方式，适应垂足而坐的高形家具仍属初制阶段，不仅品类的发展不平衡，形体构造上也依旧处于过渡状态。

4.五代家具

五代的家具，根据《韩熙载夜宴图》所绘的凳、椅、桌、几、榻、床、屏、座等看，已十分完善。但也有人认为画中的家具为南宋作品。画中的这些家具，究竟是属五代还是南宋作品，确实很值得考证一番，这不仅为《韩熙载夜宴图》的创作年代提供论据，而且对中国古代家具的断代也有着重要的作用。

不过，我们通过周文矩的《重屏会棋图卷》和

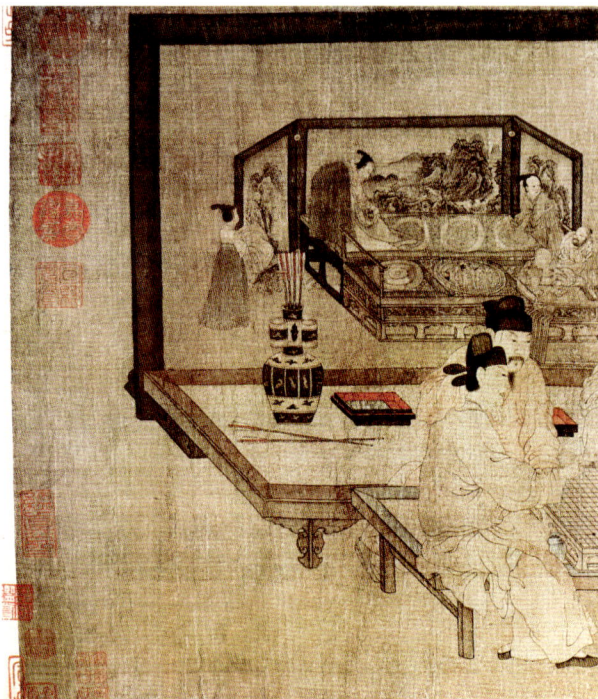

《重屏会棋图》中的家具陈设　周文矩　五代

此画描绘南唐中主李璟与其弟景遂、景达、景逿会棋的情景。居中观棋者为李璟，对弈者为景达和景逿。人物身后的屏风，画着白居易《偶眠》诗意图，图中又有山水屏风，故此画名《重屏会棋图》。李璟正面前视，若有所思的样子；两位对弈者画作侧身或半侧身，彼此观察着，于微笑中透着决心角逐的神气。景遂在左边观战，把一只手臂搭在兄弟肩上。周文矩与"李五景"同时代，他所画的应该是人物真实的肖像，具有艺术和历史两方面的价值。此图线描细劲有力，多转折顿挫，别具一种风采，为周文矩常作的"战笔"，给人以古拙之感。

《韩熙载夜宴图》中的家具陈设　顾闳中　五代

此图描绘五代南唐大臣韩熙载放纵不羁的夜生活，以长卷形式展现了夜宴活动中听乐、观舞、休息、清吹、送别五个互相联系而又相对独立的场面。韩熙载形象具有肖像画特点，神态抑郁苦闷，被夜宴的欢快反衬得格外明显，符合他当时受到宫廷猜疑和权贵排挤的背景。此图中人们的身份、表情及相互关系处理得妥帖自然，衣着服饰、博俎灯烛、帐幔乐器与床椅桌屏也描绘得细致逼

王齐翰的《勘书图》，可以对五代时期的屏风、琴桌、扶手椅、木榻等等家具的造型和特征有深入的了解。当时，四足立柱式样与传统壶门构造的家具结构已经同时发挥出它们的造型作用，并在结构的转换中逐渐确立起自己的地位。

1975年4月，江苏邗江蔡庄五代墓出土的木榻等家具实物，为我们提供了五代家具结构真实而具体的范例。木榻长188厘米，宽94厘米，高57厘米。榻面采用长边短抹45度格角接合，但没有格角榫出现，仅采用钉铁钉的做法构成框架。两长边中间排有七根托档。托档上平铺九根长约180厘米、宽3厘米、厚1.5厘米的木条，也用铁钉钉在托档上。托档与长边连接时，皆用暗半肩榫。木榻四腿以一平扁透榫与大边相接，并用楔钉榫加固。腿料扁方，中间起一凹线，从上至脚头的两侧设计两组对称式的如意头云纹，富有强烈的装饰效果。

《勘书图》中的家具陈设　王齐翰　五代南唐

此图题为"勘书"，却并没有把人物画作伏案校勘状，而只刻画勘书人挑耳歇息的情景，故又名《挑耳图》。魏晋以来，许多文人受玄学思想的影响，追求行为和心境的返归自然，崇尚放纵和旷达。这位勘书人的形神，正表现出某种胸中萧然无物的魏晋风度。从绘画的角度而言，这一形象可谓形神兼备。衣纹干圆劲中略有起伏转挫，敷色细润清丽，表情刻画妙得神趣。画家把最大的画面空间留给三叠屏风，屏风上绘青绿没骨山水，独出一格，与颇有出尘之姿的画面人物很和谐。

真。此图在用笔赋色方面也达到很高水平，表现出与唐人不同的风格技法。用笔柔劲，出入笔轻重分明，设色绚丽而清雅，鲜丽的淡色与浓重的黑白红相比衬穿插。人物面部、双手与衣褶，勾染结合，显现凹凸之感，以颜色覆盖墨线上，复以色笔勾勒，增加了鲜明感与统一感。这件作品无款，有南宋、元、明、清代人题跋。此画是中国古代工笔人物画的经典之作，"听乐"和"清吹"部分尤其精彩。

两侧腿足间设有宽4.2厘米，厚2.6厘米的横档一根。腿足与两大边相交处设有云纹角牙一对，也是采用铁钉在大边上，只是与脚部相接处采用了斜边，同时出土的还有六足木几等家具。

这件木榻与五代绘画中的家具图像有着相同的时代特征，是五代家具难得的实物资料，在中国古代家具史上具有明确断代的价值。其中如意头云纹作装饰的扁腿，是富有鲜明传统特点的民族式样之一，它自隋唐一直延续到宋元，前后经历了近千年的历史。明清家具中的如意云纹角牙，也都出于这一渊源。

四、宋元家具的发展

唐五代以后，宋代的经济与文化继往开来，使中国物质和精神的优秀传统得到了一次发扬。封建时代文明的丰硕成果，在两宋时代取得了更大的收获，增添了许多新的韵味。在传统的手工业部门，纺织和陶瓷都以最卓越的成就超过历史水平，中国古老的传统家具也焕发出一种新的精神面貌，表现出新的生命力。首先，经过魏晋南北朝和隋唐的长时间过渡，结束了"席坐"和"坐榻"的生活习惯，垂足而坐的生活方式在社会生活的各个领域里渐渐地相沿成俗，包括在茶肆、酒楼、店铺等各种活动场所，人们都已广泛普遍地采用桌子、椅凳、长案、高几、衣架、橱柜等高形家具，以满足垂足而坐生活的需要。生活中原先与床榻密切关联的低矮型家具都相应地改变成新的规格和形式。如在河南禹县白沙宋墓一号墓西南壁的壁画中，宋代绘画《半闲秋兴图》中，都已把妇女们梳妆使用的镜台放到了桌子上。陆游在《老学庵笔记》中也对这种情景作了记载。

1.宋代家具

（1）巨鹿县出土的宋代木桌、木椅

宋代垂足而坐的家具实物，有新中国成立前河北巨鹿县出土的一桌一椅。木桌、木椅的背面都墨书"崇宁三年（1104），三月二口四口造一样桌子二只"字样，系北宋徽宗时代的民间实用家具。木桌桌面长88厘米，宽66.5厘米，高85厘米，桌子四足近似圆形，两横档与四竖档做成椭圆六面形，剑棱线，边抹夹角为45度。格角卯榫结合，比五代木榻有明显的进步，在边抹和角牙折角处都起有凹形线脚。木椅面宽50厘米，进深54.6厘米，通高115.8厘米，座高60.8厘米，椅子搭脑呈弓形，挖弯6厘米，椅面抹头与后长边不交接，分别与后腿直接接合，抹头与前长边采用45度格角榫做法。座面面板两块拼合，端头与短抹落槽拼合，但与长边处只是平合拼接，尚未形成攒边做法。

（2）江阴县出土的北宋桌椅

1980年12月，江苏省江阴县北宋"瑞昌县君"孙四娘子墓出土杉木质一桌一椅。桌面正方形，边长43厘米，厚3厘米，桌高47.6厘米，腿足呈扁方形，与面框用长短榫相接；桌面面框宽41厘米，采用45度格角榫接合，框内有托档两根，用闷榫连接，框边内侧有0.2厘米的斜口，与心板嵌合，心板厚0.9厘米；桌面下前、后均饰牙角。木椅椅面宽41.5厘米，进深40.5厘米，厚3厘米，通高66.2厘米，座高33厘米。此椅前长边与左右面框采用45度格角榫，后长边与左右的面框不相交，直接同后腿相接，其构造方法与巨鹿县出土的木椅大致相同，可能是北宋椅面结构的一种通行制作程式；面框横置托档一根，承托心板，框边内侧为0.2厘米的斜口，与厚1.1厘米的心板嵌合；足高30厘米，宽4厘米，长4.1厘米，前后左右设步步高管脚档，前足面框下有角牙，此椅靠背仅在两腿间设一横木，作向后微弯状，上端所承如意形挑出的搭脑，形与唐椅搭脑相似，应是传统的承继关系。木桌四足与木椅后腿者分别钉有侍俑，它们有的手中持物，应该是另有含义。江苏溧阳竹簧李彬夫妇墓（北宋）还出土木制明器木椅和木长桌各一件，都是宋代家具珍贵的实物史料。

（3）两宋家具的成就和特色

《绣枕晓镜图》中的家具陈设　王诜　宋代

图中一晨妆已毕的妇人正对镜沉思，抑或端详自己，仪态端庄。一个侍女手捧茶盘，另一妇人正伸手去盘中取食盒。图中用笔细润圆滑，敷色妍丽而又清秀。周围的灌丛、桂树皆以双勾填色法绘出，十分细致，画面有一种略带哀怨的闲适之风。此图人物造型似取材于另一幅宋代作品《饮茶图》，作者已不可考。

关于两宋时代的家具，我们从大量的宋代绘画作品，发掘出土的墓室壁画、家具模型以及有关文献资料中不难看到，在形式上，它已几乎具备了明代家具的各种类型。如椅子，宋代已有灯挂式椅、四出头扶手椅似玫瑰椅的扶手椅、圈椅、禅椅、轿椅、交椅、躺椅等等，一应俱全。虽然其工艺做法并不完备，但各种结构部件的组合方法和整体造型的框架式样，在吸收传统大木梁架的基础上业已形成，并且渐渐得到完善，如牙板、角牙、穿梢、矮柱、结子、镰把棍、霸王档、托泥、圈口、桥梁档、束腰等等。从家具形体结构和造型特征上，我们还可以知道，宋代已采用硬木制造家具。如《宋会要辑稿》中记载：开宝六年（973），两浙节度使钱惟溶进有"金棱七宝装乌木椅子、踏床子"等等。乌木木质坚硬，为优质硬木，做成的椅子且作"七宝装"，足以说明当时江南制造硬木家具的水平。史籍记载的木工喻皓是江南地区一位杰出的能工巧匠，《五杂俎》中誉他为"工巧盖世""宋三百年，一人耳"。传说他著有《木经》三卷，可惜没有流传下来。宋代的《燕几图》是我们现在见到的第一部家具专著，这种别致的燕几是适合上层社会贵族使用的一种"组合家具"。

从总体上看，宋代家具至少在以下三方面从传统中脱颖而出：一是构造上仿效中国古代建筑梁柱木架的构造方法，形体明显"侧脚""收分"，加强了家具形体向高度发展的强度和坚固性，并已综合采用各种榫卯接

《听琴图》中的家具陈设　赵佶　宋代

　　此图画幅正中坐一道冠缁服者，颔首正襟，抚琴启弦。前面两个朝士左右对坐，一副心领神会的样子。旁边有一侍童，操手侧立。为了渲染气氛，环绕人物又简洁地布置了一些配景。由于作者高超的才艺，从人物表情、松风竹韵和袅袅轻烟中，我们似乎可听到抑扬回荡的琴声。画面用笔纤巧工细，敷色清丽秀雅，具有高度的艺术性和现实性，形成一种新颖的人物画风格。流传至今的北宋人物画，以李公麟的《五马图》和此图最见神韵，一个是白描的典范，一个是重设色的佳作。

合来组成实体；二是在以漆饰工艺为基础的漆木家具中，开始重视木质材料的造型功能，出现了硬木家具制造工艺；三是桌椅成组的配置与日常生活、起居方式相适应，使家具更多地在注意实用功能的同时表现出家具的个性特征。宋代家具已为中国传统家具黄金时代的到来打下了坚实的基础。

2.两宋时期的辽、金家具

　　辽、金与两宋同处一个时代，我们从辽、金的家具中同样能了解到当时家具工艺的许多特色，如内蒙古解放营子辽墓出土的木椅和木桌，河北宣化下八里辽金墓出土的木椅和木桌，大同金代阎德源墓出土的扶手椅、地桌、供桌、帐桌、长桌、木榻等，无一不反映出它们与两宋的社会生活是相互融通的。出土的各种家具，有些是明器，工艺构造比较简单、粗糙，但基本结构造型与宋制并无多大差异。辽、金地区出土的两件床榻，虽表现出一定的地方特色，但时代性倾向大于地区性。解放营子辽墓木床的望柱栏杆和壸门等装饰方法，都与唐宋以来的传统相接近。从许多辽、金墓室壁画的居室生活图像中，更能看出与两宋文化的密切关系，辽、金的家具也反映着相同的文化倾向。

3.元代家具

在元朝统治的八十九年间，中国古代家具依旧沿着两宋时期的轨迹，继续发展和提高。家具的品种有床、榻、扶手椅、圈椅、交椅、屏风、方桌、长桌、供桌、案、圆凳、巾架、盆架等。较有代表性的是元代刘贯道绘《消夏图卷》中的木榻、屏风、高桌、榻几和盆架等等，与宋代家具一脉相承。山西大同冯道真墓壁画中的方桌，在保持宋代基本做法的同时，桌面相接处牙板彭出，体现了一种新的形体特征。山西文水北裕口古墓壁画中的抽屉桌，在注重功能的同时又对构造做了新的改进。腿足彭出在山西大同元代王青墓出土的陶供桌以及大同东郊元代李氏崔莹墓出土的陶长桌上都很明显。这种被考古界称为"罗汉腿"的腿式，不仅是带有地方风格的形式，也是宋代以来普遍流行的一种新的造型式样。

在赤峰元宝山元墓壁画、元代山西永乐宫壁画以及以上一些元墓出土的明器中，家具的弯脚造法和花牙的部件结构更趋向成熟，如彭牙弯腿撇足坐凳，已达到极其完美的程度。

元代家具的木工工艺继两宋以后又取得新的成果。山西大同东郊元墓出土的两件陶质影屏明器，已是发展了的建筑小木作工艺的优秀体现，不管是部件结构的组成方式，还是装饰件的设计安排，都遵循木工制作高度科

黄花梨四出头官帽椅（一对）　明代
高100.3厘米，宽60.3厘米，径47厘米

黄花梨圈椅　明代
高99.1厘米，宽57.7厘米，径46.3厘米

黄花梨南官帽椅　明代
高102.5厘米，宽59厘米，径47.5厘米

黄花梨圈椅（一对）　明代
高92.7厘米，宽61厘米，径43.2厘米

黄花梨夹头榫平头案　明代

长103.5厘米，宽51厘米，高84厘米

　　案面以标准格角榫造法攒边打槽装纳独板面心，下有三根穿带出梢支承，皆以透榫。抹头亦可见明榫，边抹冰盘沿上舒下敛至压窄平线。带侧角的圆材腿足上端打槽嵌装素面耳形牙头，再以双榫纳入案面边框。桌脚间安两根椭圆梯枨。造型简洁，不事雕饰，铅华洗尽，尽显黄花梨材质之珍贵和木纹之美丽。牙板光素俗称"刀子板"，干净利落。圆腿微撇带侧角，脚踏实地，是明代书案的典型特征。

黄花梨仿竹六仙桌　明代

边长87厘米，高83厘米

　　桌面以格角榫造法攒边，打槽平面镶独板面心，下装两根穿带出梢支承，另有相交穿带加强承托。抹边立面起双混面。形状相似的牙条与束腰为一木连造，以抱肩榫与劈料腿足结合。牙条与罗锅枨之间栽入四根格肩竹节形矮老。此桌子设计受竹质或藤编家具影响，当时此种以珍贵木材仿制一般到处可见的竹材或藤编家具，想必是反映文人内敛不求外炫的心态。

　　方桌依体形大小可称为八仙、六仙或四仙桌。虽非单一用途，但常为餐桌使用。其名赫然与可供坐人数有关。

黄花梨南官帽椅（一对）　明代

高115厘米，宽63.5厘米，径48厘米

学性的要求，以合理的形式构造表达了人们对居室家具的审美观念。

五、明代家具的发展

明代家具是在宋元家具的基础上发展起来的，并达到前所未有的黄金时代，主要产地在苏南地区。究其原

黄花梨卷草纹炕桌　明代
长90厘米，宽58厘米，高28厘米

黄花梨四出头官帽椅（一对）　明代
高113.5厘米，宽59厘米，径48厘米

　　四出头官帽椅是身居高位者的坐椅。它匀称的雕刻与艺术的线条，使之成为最受人们欢迎的中国家具之一。这对四出头官帽椅具有典型的样式——全无雕刻饰品，却有雕刻的流畅线条，可与苏州出土的晚明王锡爵墓中的袖珍家具以及常见晚明木刻版画中的典型四出头官帽椅相比较。

　　此椅柔和的圆头形搭脑和双曲线素靠背板流畅地相接，使整体产生圆润及简洁感。扶手在鹅脖处出头，没有强固牙板。椅盘以明榫格角榫攒边法制造，在透眼处与抹头齐，下有两根弯带加强椅面作用。原来的软席屉已换成硬板，椅盘下安置弧度优美的起线壸门券口牙子，两侧及后面则为素牙子。传统的椭圆形扁平横枨使腿足更加坚固。踏脚枨下的牙子尺寸合宜，与上面的牙子相互配合。可谓美材美器。

因，除历史的传承和积淀外，明代家具的形成，离不开当时的社会条件。

公元1368年，朱元璋建立了明政权后，手工业迅速兴旺起来，并出现大批工商业城市，全国的经济空前繁荣。明朝最初定都南京，依托于山清水秀的江南地区。丰富的物产、悠久的历史文化，滋润着各类艺术品的发展，南京成为"南北商贾争赴"的经济中心。除南京外，苏州也是一个"五方杂处，百业聚汇，为商贾通贩要肆"的城市，同时也是当时的工艺品生产中心，像丝绸、刺绣、裱褙、窑作、铜作、银作、漆作、玉雕、

黄花梨炕桌　明代
长90厘米，宽62厘米，高30厘米

黄花梨三足笔筒　明代
高18厘米，直径16厘米

此笔筒为黄花梨镶底笔筒，通体光素，不加雕饰，既突出了木质本身纹理之自然美感，又经细致琢磨甚是滑顺，抚之若婴儿之肌肤，手感颇佳。筒身笔直劲挺，体线优美，富有张力，古雅稳重，大气浑厚，实乃自然美和书卷气相结合之佳品，素雅不失细节，加之包浆浑厚，器体较大，十分难得。

黄花梨起线三足笔筒　明代
高19厘米，直径20厘米

黄花梨笔筒的美，是文人气质的美，许多贵重的木材天然具有典雅华丽的纹理，因此文人与工匠在利用这些贵重木材来设计与制作木器时，为了充分展现黄花梨木质纹理的精致，常常不饰雕刻，所以光素的为多。以突出木材纹理的自然美和书卷气，于素雅中透显出文雅之气。

首饰、印书、制扇与木作等，都遥遥领先于其他地区。这些经济与文化上的区域优势，都为明代家具的生产制作，创造了得天独厚的条件。

　　明代时，航海技术的提高，使海外贸易得到空前的恢复与发展。明代的社会稳定与经济发展，促使我国与海外建立了广泛的贸易关系，当时的主要海外贸易国家有日本、南洋诸岛与东南亚各国。明永乐至宣德年间，杰出的航海家郑和率领浩浩荡荡的船队七下西洋，写下了世界航海史上的辉煌一页。当时中国的船队带去了瓷器、丝绸、茶叶、棉布，返回时带回了许多贸易品，还带回了东南亚地区大量的优质硬木料，如紫檀木、花梨木等。这些优质木材通过海运源源不断地抵达中国，为明代家具制作提供了充足的物质条件。另外，与日本的

黄花梨嵌绿端石炕桌　明代

长87厘米，宽58厘米，高29厘米

　　此种家具形体不大，且四足较低，故又称矮桌。面攒框镶绿端，虽有裂痕，但不影响其所带给我们的视觉惊叹，细腻凝滑，晶莹润翠，犹如大海。大边明榫，下有两穿带支撑桌面。壶门牙板，三弯腿，内翻足，下带承珠。

黄花梨半桌　明代

长102厘米，宽52厘米，高88厘米

　　此桌用料考究，案面黄花梨纹质清晰自然。桌面攒框做，下装三根穿带出梢支承，面下束腰与沿边起阳线的牙条为一木连做，这些都是明代黄花梨木较充裕时的标准做法。四腿间安罗锅枨，起伏自然优雅，直腿起线，足端为内翻马蹄。

黄花梨大捧盒　明代

直径28厘米

　　捧盒为一木整挖，费工费料。整体棋盒形状，圆润光滑，比例协调。盒身鼓腹收口，口内起沿，便于与盖扣合，圈足内缩，平底，盖微凸。

黄花梨壶门炕桌（一对）　明代

长56厘米，宽36.5厘米，高15厘米

　　炕桌选用海南黄花梨料，包浆温润滑腻。桌面格角榫攒边打槽平镶面心。边抹冰盘沿，上下各起边，束腰，壶门牙条与腿足抱肩榫相交，牙条方腿内翻马蹄足。

黄花梨攒镶鸡翅木矮靠背小禅椅（一对）　明晚期

长51.5厘米，宽44.5厘米，高94.5厘米

　　此对椅直搭脑，造型少见，为一木而刻出三段相接之状，折转有力。靠背板平直宽厚，正中嵌鸡翅木板。椅盘下装素面刀牙板，腿间设步步高赶枨，正面脚踏下装素牙条。

　　该黄花梨椅造型独特，座面偏矮，造型奇妙，工艺独特。但整椅形态稳重，气韵沉静，有仙风道骨之感，堪称禅椅。

　　此对禅椅与叶承耀先生之收藏或原为一堂。

黄花梨带座书箱　明代
长38厘米，宽21厘米，高15厘米

　　造型典雅，全身光素，包浆莹润，纹理美观，所有对称的看面均是一木对开制成，盖口箱口起阳线，正面嵌铜圆面页，黄铜云头拍子，采用平卧式安装，两侧面安铜提环，底足内敛，其所耗时工往往超大件家具，充分体现了古人制作小件器物的精湛之处。

黄花梨大衣箱　明晚期
长49厘米，宽36厘米，高29厘米

　　黄花梨制大衣箱，主要是存放衣物和书籍。

　　此箱四面以隐燕尾榫相接，一木成器，面板整剖，通体光素，箱体正中嵌方形铜页，扣以云头如意拍子，两侧装提环，做工取材均极为考究。

　　此箱色泽艳丽，包浆莹润，保存至今仍完好如初，实属不易。

黄花梨圆角柜　明代
长113厘米，宽70厘米，高41厘米

　　柜平顶，顶面攒框镶独板，顶沿外抛，框帽因此向外喷出，双门对开，中间有一立栓，立栓与门皆按条形铜质面条面页，整体造型规整，线条简洁流畅，结构朴素大方，面条柜为明清时期一种储物家具，一般上窄下宽，通俗叫"大小头"。

黄花梨文房箱　明代
长37厘米，宽20厘米，高17厘米

　　黄花梨制文房箱，子母口，四角包铜，如意云纹面脸以铆钉固定，两侧安提环，式样简练。

黄花梨十字连方书柜（一对）　明代

长85.5厘米，宽39厘米，高158厘米

此书柜体为四平式，三面镂空十字连方纹饰，带柜堂，柜门为大材对开。柜心镂空装饰，面页为黄铜，下脚牙调为镂空刀口装饰，上下柜内各隔一层。其体型高大、有气势、甚耗材，多为官宦买卖人家所用。

黄花梨卷草纹条桌　明代

长120厘米，宽49厘米，高86厘米

桌面打槽拼板，平整光洁，冰盘沿下接束腰，腰间浮雕卷草纹饰，牙头雕饰卷草纹，直方腿内翻马蹄足，腿内侧壁起阳线。此桌造型简洁，线条流畅，纹理清晰，文静素雅，古朴大方。

黄花梨半桌　明代

长98厘米，宽50厘米，高84厘米

条桌的束腰与牙板一木连做，腿上的棕角尖和上束腰连带一起，意显榫印构造之巧，实为少见，桌体通身无饰，直腿内翻浅马蹄，因器形高挑纤细，所以没加罗锅枨，整器造型简约，秀雅精巧。

黄花梨顶箱柜　明代

长89.5厘米，宽47厘米，高163厘米

　　整器分上下两部分，上端高柜与下端立柜皆以铜合页及面页相连，开合自如，工艺精准。直腿间置光素刀子形牙板，余则全无雕饰，使观者的目光自然聚焦于黄花梨天然纹理之上。

贸易，还带来了东洋的漆器镶嵌工艺。

　　明代是我国古代建筑与园林最兴盛的时期，当时上至皇宫官邸，下到商贾士绅，都大兴土木建造豪宅与园林，这些都需要家具来配套与装饰点缀，客观的需求极大地刺激了家具业的发展。明代皇帝不仅重视家具，甚至还亲自制作家具，据说他们的技艺有时甚至超过御用工匠，明代天启皇帝就是其中的一位佼佼者。皇帝如此，大臣更不甘落后，据史书记载，大官僚严嵩在北京与江西两地的屋宅房舍，竟多达八千四百余间，由此可见豪强官邸对家具需求的惊人程度。另外，明代的园林遍布江南，据《苏州府志》记载，苏州在明代共建有园林271处，这就需要珍贵的高档次家具来装置与陈设。

　　造就明代家具辉煌成就的，还有一个极为重要的因素，那就是文人的参与。例如，我们从唐寅的临本《韩熙载夜宴图》中可以发现，他在画中增绘了二十余件家具，这充分表明了文人对家具的特殊兴趣。又如文徵明

海南黄花梨案头托盘　明代
长33.5厘米，宽23.5厘米，高2.5厘米

此案头托盘，取料上佳，通体不施雕饰，纹理优美而具有清香，形制简练自然，纯净俊秀，素面无工。

黄花梨架子床　明代
长218厘米，宽141厘米，高234厘米

黄花梨圆包圆方桌　明代

长92厘米，宽92厘米，高85厘米

　　黄花梨料制，桌面沿为双混面，明榫构造。帐为裹腿双劈料，四周裹腿相交，俗称"裹腿做"，罗锅帐牙条与面之间装短材矮老，圆柱形腿，此桌无过分雕琢，却处处经意，完全以线脚装饰，充分体现了明代家具的简洁、俊美之风格。

黄花梨方凳　明代

长58.5厘米，宽48.5厘米，高52.5厘米

　　攒边槽嵌藤席，边抹加宽，起冰盘，沿线角，束腰与平条一体连做，牙条下置素面罗锅帐。稍稍退后安装，四直腿，足呈内翻马蹄形，起阳线，线条流畅，通体素洁，造型简练，酷似角质的包浆，润泽古雅。

黄花梨南官帽椅（一对）　明代

高99厘米，宽64厘米，径49厘米

　　通体光素，扶手和靠背呈圆弧状，使乘坐者舒适地被包围在椅子中。软藤座面。正面和侧面装细木料做成的券口牙子，横直帐加矮老。此椅搭脑与后腿、扶手和前腿以斜接方式连接，并以铜皮加固，这种做法在南官帽椅中并不多见。

黄花梨无束腰瓜棱腿方桌　明代

边长99厘米，高84厘米

　　桌面攒框两块一木对开的心板，下设穿带。无束腰，攒牙子边缘起线，长短木料圆角相接。桌腿起瓜棱线，俊俏挺拔。

黄花梨圆腿顶牙罗锅枨瘿木面酒桌　明代

长104厘米，宽73厘米，高87厘米

　　这张酒桌结构完美、比例匀称、做工考究，其线条的运用和空间的完美分割颇有功力，是明代家具优雅的典范。面心采用整张楠木瘿木制成，借此由不同的材料来完成生动的装饰效果。

　　之后人文震亨编写的《长物志》中，对宅园中的各种家具，如床、榻、架、屏风、禅椅、脚凳、橱、弥勒榻等，都依据文人的情趣与审美观念进行了评述。正因为有了文人的参与，才孕育了明代家具丰富深刻的文化底蕴。

　　明式家具的造型艺术和工艺技术，是当时世界上的最高水平，"明式家具"成为一代骄傲。它的特点是线条简练、风格典雅、造型优美，朴实大方，无繁琐冗赘之弊；结构科学、比例适度、使用舒适、榫卯精巧、坚固牢实、选材精良，重视纹理和色泽。

六、清代家具的发展

　　清代家具继承了明代家具采用优质硬木的传统，同时又汲取了外来文化的影响，并形成了绚丽、豪华与繁缛的富贵气，取代了明式家具的简明、清雅、古朴的书卷气，显得"俗"气，使得它的艺术价值不如明代家具。清代家具的发展与形成，可以分为以下三个时期。清初期，统治者为了有效地控制全国，使国家经济得到恢复与发展，在许多方面都继承了明代传统，家具制造也不例外，基本保持了明式的工艺风格。自雍正至嘉庆年间是清代家具发展的鼎盛时期，该时期是

黄花梨笔筒　清代

高15.5厘米，直径15厘米

黄花梨炕几　清代

长74厘米，宽49厘米，高30厘米

黄花梨琴桌　清代

长96厘米，宽36厘米，高65厘米

　　琴桌由黄花梨制作，桌面攒框镶心，冰盘沿，束腰托腮，夹头榫结构，牙板光素无工，直腿，内翻马蹄足。此琴桌线条流畅，秀丽雅致，端庄古朴，简洁实用。

黄花梨带屉马蹄腿小桌　清代
长85厘米，宽38厘米，高75厘米

黄花梨笔筒　清代
高14厘米，直径14.5厘米

黄花梨凹面轿箱　清代
长53厘米，宽14厘米，高12厘米

花梨木架几案　清代
长305厘米，宽55厘米，高98厘米

黄花梨笔筒　清代
高14厘米，直径16.3厘米

黄花梨药箱　清代
长34厘米，宽23.8厘米，高31厘米

黄花梨方桌　清代
长70厘米，宽50厘米，高90厘米

　　方桌精选黄花梨料制成，木质清晰优美。面攒框镶独板，束腰置炮仗洞绦环板，牙板浮雕卷云纹，罗锅枨，直腿内翻卷书足。线条简洁硬朗，比例匀称，包浆温润，清秀典雅，造型端庄。

黄花梨圈椅　清代
宽61厘米，深48厘米，高99厘米

清代历史上国力兴盛时期，家具生产在明式家具的基础上走出了自己的模式，尤其是乾隆时期，家具生产步入了高峰，其风格反映了当时强盛的国势与向上的民风，世称"乾隆工"，为后世留下了相当多的珍品，被视为典型的清式风格。鸦片战争后，由于外国资本主义的侵入，西方的家具文化不断涌入，传统的家具风格受到了猛烈的冲击，从而使强盛的清代家具走向衰退期。

清代版图辽阔，物阜民丰，兼之国力强盛，四海来朝，八方入贡，极大地促进了经济的发展，而经济的发展创造出来的丰富的物质条件，又使民间工艺美术发展获得了雄厚的基础。清代的艺术美术，在沿袭明代基础的水平上，发展普及程度明显达到一个新的高度，艺术门类多姿多彩，艺术流派争奇斗艳，理论著述琳琅满目，由于生产力的发展及商品经济的繁荣，对社会生活方方面面都产生了重大的影响。

可以说，清代是中国工艺美术发展集大成的顶峰时期，这一时期的陶瓷、玉器、竹木牙角金属、漆器等各种工艺美术品种的各门类都得到了很大的发展与提高。作为起居必备的家具也不例外。

我国传统的家具制作，以清代家具最为讲究。回顾家具发展史，清代可以说是家具制作技术臻于成熟的顶峰时期，入清以后，经过顺治、康熙、雍正、乾隆至清中期，清代的社会经济达到了空前的繁荣。由于国库充盈，清统治阶层能够拿出大笔金钱用于满足纸醉金迷的生活。同时，由于这一时期的版图辽阔，对外贸易频繁，南洋地区的优质木材被源源不断而来，为家具的制作提供了充足的原材料。另外，清初手工业技术的迅速发展和统治阶层豪奢心态的需要对清式家具风格的形成起到了积极的促进作用。

清代家具的主要产地在广州、苏州和北京三处，此外还有上海的红木家具、云南的镶嵌大理石家具、宁波的骨嵌家具、山东潍坊的银丝家具等。其中的广州（广式）家具、苏州（苏式）家具和北京的宫廷家具为这一时期的主流家具，它们各代表了一个地区的风格特点，被称为代表清代家具的三大名作。

清代家具的艺术成就虽不如明式家具，但在中国古典家具的大家族中，清式家具仍占有重要的地位，尤其是乾隆至嘉庆年间的家具，仍具有较高的收藏价值，其中以紫檀家具最为典型。

在此期间，由于广泛吸收了多种工艺美术手法，再加上统治阶级欣赏趣味的转化，逐步形成了别具一格的清式家具风格。清式家具，尤其是宫廷用的，出现了雕漆、填漆、描金的漆家具，同时木雕和玉石、象牙、珐琅、瓷片、文竹、椰壳、黄杨、贝壳等镶嵌工艺也大量运用。清式家具较之明式家具，虽富丽堂皇，却有繁琐堆砌、华而不实之弊，此种弊病到了后期愈演愈烈。不过清代的民间家具，还是以实用经济为原则，基本保持了简朴大方、坚固、实用的传统特点。

黄花梨围棋盒（一对） 清代

黄花梨有束腰马蹄腿半桌 清代
长95厘米，宽47厘米，高86厘米

黄花梨圈椅　清代

宽52厘米，深74.5厘米，高67厘米

　　此圈椅由优质黄花梨木制成，简约大方，稳重端庄。靠背及扶手呈"S"曲线造型。藤心座面，下置罗锅枨，直腿。整体线条流畅，木质清晰优美，包浆细润，刀法严谨，圆润娴熟。

黄花梨连三闷户橱　清代

长188厘米，宽52厘米，高86厘米